JORDAN ROESCH

Englisch lernen

FÜR KINDER

SPANNENDE ZWEISPRACHIGE KURZGESCHICHTEN MIT INTERAKTIVEN ÜBUNGEN, QUIZ UND AUDIO!

INHALT

DEIN ABENTEUER MIT TOM UND LILY BEGINNT!

Wir freuen uns riesig, dass du dich entschieden hast, mit Tom und Lily auf spannende Entdeckungsreisen zu gehen! In diesem Buch erwarten dich aufregende und lustige Kurzgeschichten, die nicht nur dein Englisch verbessern, sondern auch deinen Wortschatz erweitern werden. Das Beste daran? Jede Geschichte ist so gestaltet, dass sie leicht zu verstehen ist, damit du Schritt für Schritt besser Englisch lernen kannst.

Dieses Buch ist wie eine Schatzkarte, die dich durch die englische Sprache führt. Mit Tom und Lily an deiner Seite wirst du alltägliche und spannende Abenteuer erleben, bei denen du spielerisch neue Wörter lernst und dein Englisch stärkst. Jede Geschichte ist auf Englisch und Deutsch geschrieben, sodass du jederzeit vergleichen und sehen kannst, was du bereits verstanden hast.

Lernen mit Spaß und Interaktivität

Um das Lernen noch spannender und effektiver zu gestalten, haben wir nach jeder Geschichte einen interaktiven Abschnitt eingebaut. Hier wirst du durch kleine Quizfragen herausgefordert, um zu sehen, wie gut du die Geschichte verstanden hast. Zuerst kannst du Fragen beantworten, um dein Wissen zu testen, und dann ein Multiple-Choice-Quiz machen, bei dem du das richtige Kästchen ankreuzen kannst. Am Ende jedes Quizteils gibt es ein Wahr-oder-Falsch-Quiz, das dein Verständnis der Geschichte auf die Probe stellt.

Zusätzlich findest du zu jeder Geschichte einen QR-Code, der dich zu einer Audiodatei führt. Dort wird die Geschichte auf Englisch vorgelesen, damit du nicht nur das Gelesene besser verstehst, sondern auch deine Aussprache und dein Hörverständnis trainieren kannst.

Spielerisches Lernen

In diesem Buch gibt es nicht nur spannende Geschichten, sondern auch Wortsuchrätsel! Diese Rätsel sind eine tolle Möglichkeit, die Vokabeln aus den Geschichten auf spielerische Weise zu wiederholen und zu festigen. So kannst du sicher sein, dass du die neuen Wörter nicht nur liest, sondern auch behältst.

Ein tieferer Einblick

Damit du die wichtigsten Wörter und Ausdrücke in jeder Geschichte besser lernst, haben wir sie für dich hervorgehoben. Am Ende jeder Geschichte findest du diese Wörter in einer übersichtlichen Tabelle zusammen mit ihrer deutschen Übersetzung. So kannst du die neuen Vokabeln ganz leicht wiederholen.

Spannende Fakten entdecken

Um dein Interesse an der englischen Sprache weiter zu wecken, haben wir nach jeder Kurzgeschichte eine „Wusstest du schon?"-Box eingefügt. Diese Boxen enthalten spannende und lustige Fakten rund um die englische Sprache, Kultur und alltägliche Dinge. Jedes Thema wird kindgerecht erklärt, um das Lernen noch unterhaltsamer und interessanter zu machen!

Für wen ist dieses Buch?

Dieses Buch ist perfekt für Kinder ab der 5. und 6. Klasse, die Spaß am Lernen haben und ihre Englischkenntnisse verbessern möchten. Egal, ob du gerade erst anfängst Englisch zu lernen oder schon ein bisschen Übung hast – die Geschichten von Tom und Lily sind genau das Richtige für dich. Sie sind leicht verständlich und machen das Lernen zu einem echten Abenteuer!

Bereit für die Reise?

Dann schnapp dir dein Buch, mach es dir gemütlich und tauche ein in die Welt von Tom und Lily. Mit jeder Seite, die du umblätterst, wirst du besser und besser im Englischen – und hast dabei eine Menge Spaß. Dein Sprachabenteuer beginnt jetzt – bereichert durch interaktives Lernen, tiefe Einblicke und den Spaß am Entdecken neuer Wörter und Geschichten. Also, worauf wartest du noch? Lass uns gemeinsam auf die Reise gehen!

ENTDECKUNGSREISE:
SPANNENDE GESCHICHTEN MIT TOM UND LILY

Willkommen im Hauptteil deines Englisch-Abenteuers!

Vor dir liegen tolle Kurzgeschichten, in denen Tom und Lily viele Abenteuer erleben. Mal helfen sie im Garten, mal entdecken sie neue Orte – und du bist immer dabei! Jede Geschichte ist so geschrieben, dass sie dir nicht nur beim Englischlernen hilft, sondern dich auch in die spannenden und manchmal auch lustigen Erlebnisse von Tom und Lily mitnimmt.

Während du liest, wirst du merken, wie dein Englisch von Geschichte zu Geschichte besser wird. Die Geschichten sind so gestaltet, dass du neue Wörter lernst, dein Leseverständnis stärkst und dabei eine Menge Spaß hast. Du wirst sehen, wie leicht es sein kann, eine neue Sprache zu lernen, wenn man dabei spannende Abenteuer erlebt.

Jede Geschichte ist eine kleine Reise für sich – und zusammen mit Tom und Lily wirst du viele neue Dinge entdecken. Und wenn du eine Pause brauchst, schnapp dir doch einfach eines der Wortsuchrätsel und übe ganz spielerisch die neuen Wörter, die du gelernt hast.

Mach dich bereit, die englische Sprache auf eine Weise zu entdecken, die viel Spaß macht und dich neugierig auf mehr macht. Wir wünschen dir viel Spaß und Erfolg auf deiner Reise mit Tom und Lily!

CAMPING IN THE BACKYARD

Tom and Lily's Night Under the Stars

Tom and Lily were full of excitement. They had been planning a special night for weeks—a **camping** adventure right in their own **backyard**. Their parents had agreed to let them set up a **tent** and sleep outside for the night.

As soon as school was over, Tom and Lily rushed **home** to start preparing. They gathered all the things they would need: **sleeping bags**, pillows, a **flashlight**, and some **snacks**.

"Do you think we'll see any **stars** tonight?" Lily asked as they carried their supplies outside.

"I hope so," Tom replied. "It's going to be so much fun!"

With the help of their dad, they set up the tent on a soft patch of grass near the big oak tree. It took some effort to get the tent poles in place, but soon enough, their little home for the night was ready.

"This is going to be awesome," Tom said as he unrolled his sleeping bag inside the tent.

Lily arranged her pillows and sleeping bag neatly. "It's just like a real camping trip, but we're right here at home!"

As the evening began to settle in, their mom brought out a basket filled with sandwiches, fruit, and cookies. "Here's some dinner for you campers," she said with a smile.

Zelten im Garten

Tom und Lilys Nacht unter den Sternen

Tom und Lily waren voller Aufregung. Sie hatten seit Wochen eine besondere Nacht geplant—ein **Camping**-Abenteuer direkt in ihrem eigenen **Garten**. Ihre Eltern hatten zugestimmt, dass sie ein **Zelt** aufstellen und die Nacht draußen verbringen durften.

Sobald die Schule aus war, eilten Tom und Lily **nach Hause**, um mit den Vorbereitungen zu beginnen. Sie sammelten alles, was sie brauchen würden: **Schlafsäcke**, Kissen, eine **Taschenlampe** und einige **Snacks**.

„Glaubst du, wir werden heute Nacht **Sterne** sehen?" fragte Lily, als sie ihre Sachen nach draußen trugen.

„Ich hoffe es," antwortete Tom. „Das wird so viel Spaß machen!"

Mit der Hilfe ihres Vaters stellten sie das Zelt auf einem weichen Rasenstück in der Nähe des großen Eichenbaums auf. Es war ein bisschen mühsam, die Zeltstangen an Ort und Stelle zu bringen, aber bald genug war ihr kleines Zuhause für die Nacht bereit.

„Das wird großartig," sagte Tom, als er seinen Schlafsack im Zelt ausrollte.

Lily legte ihre Kissen und ihren Schlafsack ordentlich hin. „Es ist wie ein echtes Camping-Abenteuer, aber wir sind direkt hier zu Hause!"

Als der Abend hereinbrach, brachte ihre Mutter einen Korb voller Sandwiches, Obst und Kekse nach draußen. „Hier ist etwas Abendessen für euch Camper," sagte sie mit einem Lächeln.

Camping in the Backyard

They sat on a blanket outside the tent and enjoyed their picnic. The air was cool, and they could hear the chirping of **crickets** in the distance.

"This is so **peaceful**," Lily said, taking a bite of her sandwich.

After dinner, Tom and Lily decided to **explore** the backyard with their flashlight. The familiar garden looked different in the fading light, with shadows stretching across the lawn.

"Let's go see if we can spot any animals," Tom suggested.

They tiptoed around the garden, shining the flashlight into the bushes and trees. They spotted a **rabbit** hopping away and heard the hoot of an **owl** somewhere nearby.

"Did you hear that?" Lily whispered. "I think it's an owl!"

They continued their exploration until the sky grew darker and the first **stars** began to appear. "Look, the stars!" Tom pointed out. "There's the Big Dipper!"

They lay down on the blanket and gazed up at the **night sky**, trying to find different **constellations**. Their dad joined them and pointed out a few more stars.

As the night grew cooler, they decided it was time to get into the tent. They zipped up the door, snuggled into their sleeping bags, and turned off the flashlight.

"It's kind of **cozy** in here," Lily said, her voice a little sleepy.

Sie setzten sich auf eine Decke vor dem Zelt und genossen ihr Picknick. Die Luft war kühl, und sie konnten das Zirpen der **Grillen** in der Ferne hören.

„Das ist so **friedlich**," sagte Lily und biss in ihr Sandwich.

Nach dem Abendessen beschlossen Tom und Lily, den Garten mit ihrer Taschenlampe zu **erkunden**. Der vertraute Garten sah im schwindenden Licht anders aus, mit Schatten, die sich über den Rasen erstreckten.

„Lass uns sehen, ob wir irgendwelche Tiere entdecken können," schlug Tom vor.

Sie schlichen durch den Garten und leuchteten mit der Taschenlampe in die Büsche und Bäume. Sie entdeckten ein **Kaninchen**, das davonhoppelte, und hörten das Rufen einer **Eule** in der Nähe.

„Hast du das gehört?" flüsterte Lily. „Ich glaube, das ist eine Eule!"

Sie setzten ihre Erkundung fort, bis der Himmel dunkler wurde und die ersten **Sterne** auftauchten. „Schau, die Sterne!" sagte Tom und zeigte nach oben. „Da ist der Große Wagen!"

Sie legten sich auf die Decke und blickten in den **Nachthimmel**, um verschiedene **Sternbilder** zu finden. Ihr Vater gesellte sich zu ihnen und zeigte ihnen noch ein paar Sterne.

Als die Nacht kühler wurde, beschlossen sie, dass es Zeit war, ins Zelt zu gehen. Sie verschlossen die Tür, kuschelten sich in ihre Schlafsäcke und schalteten die Taschenlampe aus.

„Es ist irgendwie **gemütlich** hier," sagte Lily, ihre Stimme ein wenig schläfrig.

"Yeah," Tom agreed. "I can hear the leaves **rustling**. It's like nature's **lullaby**."

Before long, Tom and Lily were fast asleep, dreaming of **adventures** in the great outdoors.

The next **morning**, they woke up to the sound of birds chirping and the warm sun shining through the tent. They crawled out of the tent, stretching and yawning.

"That was the best night ever," Tom said.

"Can we do it again soon?" Lily asked.

Their parents, who had been watching from the kitchen window, smiled. "Of course," their mom said. "Camping in the backyard is a great way to have fun and enjoy nature without going far from home."

Tom and Lily spent the rest of the day talking about their camping adventure, already planning their next night under the stars.

„Ja," stimmte Tom zu. „Ich kann die Blätter **rascheln** hören. Es ist wie ein **Schlaflied** der Natur."

Bald waren Tom und Lily fest eingeschlafen und träumten von **Abenteuern** in der freien Natur.

Am nächsten **Morgen** wurden sie vom Zwitschern der Vögel und dem warmen Sonnenlicht, das durch das Zelt schien, geweckt. Sie krochen aus dem Zelt, streckten sich und gähnten.

„Das war die beste Nacht überhaupt," sagte Tom.

„Können wir das bald wieder machen?" fragte Lily.

Ihre Eltern, die aus dem Küchenfenster zugesehen hatten, lächelten. „Natürlich," sagte ihre Mutter. „Zelten im Garten ist eine großartige Möglichkeit, Spaß zu haben und die Natur zu genießen, ohne weit weg zu fahren."

Tom und Lily verbrachten den Rest des Tages damit, über ihr Camping-Abenteuer zu sprechen und bereits ihre nächste Nacht unter den Sternen zu planen.

Vokabelliste
Vocabulary List

Englisch	Deutsch
backyard	Garten
tent	Zelt
home	Zuhause
sleeping bag	Schlafsack
flashlight	Taschenlampe
snacks	Snacks
stars	Sterne
night sky	Nachthimmel
constellations	Sternbilder
explore	erkunden
rabbit	Kaninchen
owl	Eule
crickets	Grillen
rustling	rascheln
camping	Zelten
adventure	Abenteuer
peaceful	friedlich
cozy	gemütlich
lullaby	Schlaflied
morning	Morgen

Solve the puzzle!
Löse das Puzzle!

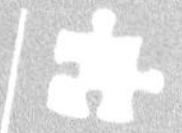

Puzzle #1

L	Z	X	D	N	P	I	X	V	N	N	R	B	J	U	Q
C	I	H	D	P	A	G	B	C	G	J	I	F	I	T	V
Y	D	H	P	S	K	V	J	A	J	G	E	R	X	D	C
C	O	N	S	T	E	L	L	A	T	I	O	N	S	Q	I
Y	U	F	X	F	Y	R	P	A	S	T	U	P	A	S	K
Y	Y	R	S	F	B	A	C	K	Y	A	R	D	U	E	R
Y	V	J	T	B	U	V	C	X	P	U	E	N	S	G	R
T	O	Z	A	G	E	A	S	Y	O	T	N	T	I	Z	R
C	E	M	R	V	N	R	H	O	N	B	E	Y	X	T	I
V	X	M	S	S	G	H	R	C	Z	A	J	N	O	A	D
W	P	H	F	N	N	K	Z	S	G	W	X	Q	T	S	H
W	L	O	Q	V	R	F	L	A	S	H	L	I	G	H	T
T	O	M	J	E	H	S	Y	U	E	B	T	X	J	A	N
R	R	E	S	V	M	D	N	A	U	S	E	L	U	I	M
O	E	C	T	E	K	O	R	B	T	N	Q	B	V	L	C
B	Y	X	U	A	Z	Q	Z	I	U	O	Z	F	Z	J	P

BACKYARD
EXPLORE
HOME
STARS
CONSTELLATIONS
FLASHLIGHT
SNACKS
TENT

Questions about the short story
Fragen zur Kurzgeschichte | ?

What do Tom and Lily set up in the backyard?
Was stellen Tom und Lily im Garten auf?

____

____

What do they do after setting up the tent?
Was machen sie, nachdem sie das Zelt aufgebaut haben?

____

____

What animals do Tom and Lily spot in the garden?
Welche Tiere entdecken Tom und Lily im Garten?

____

____

How do Tom and Lily feel about their camping adventure?
Wie fühlen sich Tom und Lily über ihr Camping-Abenteuer?

____

____

What do their parents say about camping in the backyard?
Was sagen ihre Eltern über das Zelten im Garten?

____

____

Multiple Choice-Questions
Multiple-Choice-Fragen

What do Tom and Lily use to explore the backyard?
Was benutzen Tom und Lily, um den Garten zu erkunden?

A) A flashlight (*Eine Taschenlampe*) ☐
B) A map (*Eine Karte*) ☐
C) A compass (*Einen Kompass*) ☐

What do they eat for dinner during their camping trip?
Was essen sie zum Abendessen während ihres Camping-Trips?

A) Hot dogs (*Hot Dogs*) ☐
B) Sandwiches, fruit, and cookies (*Sandwiches, Obst und Kekse*) ☐
C) Pizza (*Pizza*) ☐

Where do they see the stars?
Wo sehen sie die Sterne?

A) From inside the tent (*Von innen im Zelt*) ☐
B) Lying on a blanket outside (*Liegend auf einer Decke draußen*) ☐
C) Through the window (*Durch das Fenster*) ☐

What sound do they hear as they fall asleep?
Welches Geräusch hören sie, als sie einschlafen?

A) Rain falling (*Regen, der fällt*) ☐
B) The rustling of leaves (*Das Rascheln der Blätter*) ☐
C) Cars passing by (*Vorbeifahrende Autos*) ☐

Camping in the Backyard

What do Tom and Lily decide to do after their camping adventure?
Was entscheiden sich Tom und Lily zu tun, nachdem sie ihr Camping-Abenteuer erlebt haben?

A) Camp in the backyard again (*Wieder im Garten zelten*) ☐
B) Go on a hiking trip (*Eine Wanderung machen*) ☐
C) Visit a real campsite (*Einen echten Campingplatz besuchen*) ☐

True/False-Questions
Wahr/Falsch-Fragen

Tom and Lily camp in a park.
Tom und Lily zelten in einem Park.

True (*Wahr*) ☐
False (*Falsch*) ☐

They use a flashlight to explore the garden at night.
Sie benutzen eine Taschenlampe, um den Garten bei Nacht zu erkunden.

True (*Wahr*) ☐
False (*Falsch*) ☐

Tom and Lily see an owl during their adventure.
Tom und Lily sehen eine Eule während ihres Abenteuers.

True (*Wahr*) ☐
False (*Falsch*) ☐

They find constellations in the night sky.
Sie finden Sternbilder am Nachthimmel.

True (*Wahr*) ☐
False (*Falsch*) ☐

Tom and Lily think camping in the backyard is boring.
Tom und Lily finden das Zelten im Garten langweilig.

True (*Wahr*) ☐
False (*Falsch*) ☐

Did you know / Wusstest du schon?
Englische Wörter in der Alltagssprache

Viele englische Wörter verwenden wir auch im Deutschen, ohne es zu merken! Worte wie *Computer*, *T-Shirt*, *Pizza* oder *Baby* kommen ursprünglich aus anderen Sprachen, oft auch aus dem Englischen. Besonders in der Welt der Technik und Mode haben englische Begriffe ihren Platz gefunden. Jetzt, da du Englisch lernst, wirst du diese Wörter noch besser verstehen können!

THE SECRET OF THE SANDY BEACH

An Adventure by the Sea

Tom and Lily were thrilled. Their family had planned a trip to the **beach**, and they couldn't wait to build **sandcastles**, swim in the ocean, and **explore** the sandy shores. It was a warm, sunny day, and the sound of the **waves** made them even more excited.

As soon as they arrived, Tom and Lily grabbed their beach towels, **buckets**, and **shovels** and ran down to the **shore**. The beach was wide and stretched as far as they could see, with soft, golden sand and clear, blue water.

"Let's build the biggest sandcastle ever!" Tom suggested.

They found a spot near the water and started digging and piling up sand to create their sandcastle. Lily decorated it with **seashells** they found along the **shoreline**.

While they were digging, Lily's shovel hit something hard in the sand. "Tom, I think I found something!" she exclaimed.

Tom helped her dig around the object, and soon they uncovered an old, wooden **box** buried in the sand. It was small, with rusty metal corners, and looked like it had been there for a long time.

"What do you think is inside?" Tom asked.

Das Geheimnis
des Sandstrandes

Ein Abenteuer am Meer

Tom und Lily waren begeistert. Ihre Familie hatte einen Ausflug zum **Strand** geplant, und sie konnten es kaum erwarten, **Sandburgen** zu bauen, im Meer zu schwimmen und die sandigen Ufer zu **erkunden**. Es war ein warmer, sonniger Tag, und das Rauschen der **Wellen** machte sie noch aufgeregter.

Sobald sie ankamen, schnappten sich Tom und Lily ihre Strandtücher, **Eimer** und **Schaufeln** und rannten zum **Ufer** hinunter. Der Strand war breit und erstreckte sich, soweit das Auge reichte, mit weichem, goldenem Sand und klarem, blauem Wasser.

„Lass uns die größte Sandburg aller Zeiten bauen!" schlug Tom vor.

Sie fanden einen Platz in der Nähe des Wassers und begannen, Sand zu graben und aufeinanderzuhäufen, um ihre Sandburg zu bauen. Lily schmückte sie mit **Muscheln**, die sie entlang der **Küstenlinie** gefunden hatten.

Während sie gruben, stieß Lilys Schaufel auf etwas Hartes im Sand. „Tom, ich glaube, ich habe etwas gefunden!" rief sie.

Tom half ihr, das Objekt auszugraben, und bald legten sie eine alte, hölzerne **Kiste** frei, die im Sand vergraben war. Sie war klein, mit rostigen Metallecken, und sah aus, als wäre sie schon lange dort gewesen.

„Was glaubst du, ist da drin?" fragte Tom.

"Only one way to find out," Lily said with a smile. They carefully opened the box and found a **map** inside.

The map was faded and worn, but they could still make out the drawing of the beach and a path leading to a place marked with an "X".

"This must be a **treasure** map!" Tom said excitedly. "Let's follow it!"

They showed the map to their parents, who encouraged them to go on a little **adventure** while they watched from their beach chairs.

Tom and Lily followed the map along the beach, looking for the landmarks shown on it. They passed a tall **palm tree**, a large **rock**, and finally arrived at a cluster of **dunes**.

"This must be the spot," Lily said, checking the map again.

They started digging in the sand near the dunes, and after a few minutes, they hit something solid. It was another box, but this one was bigger than the first.

Tom and Lily opened the box and found it filled with old coins, seashells, and a small **notebook**. The notebook had a message written inside: "To the brave explorers who find this, may you always **discover** the wonders of the sea."

„Es gibt nur einen Weg, das herauszufinden," sagte Lily mit einem Lächeln. Sie öffneten die Kiste vorsichtig und fanden eine **Karte** darin.

Die Karte war verblasst und abgenutzt, aber sie konnten immer noch die Zeichnung des Strandes und einen Pfad erkennen, der zu einem mit einem „X" markierten Ort führte.

„Das muss eine **Schatzkarte** sein!" sagte Tom aufgeregt. „Lass uns ihr folgen!"

Sie zeigten die Karte ihren Eltern, die sie ermutigten, ein kleines **Abenteuer** zu unternehmen, während sie von ihren Strandstühlen aus zusahen.

Tom und Lily folgten der Karte entlang des Strandes und suchten nach den auf ihr gezeigten Orientierungspunkts. Sie kamen an einer hohen **Palme** vorbei, an einem großen **Felsen**, und erreichten schließlich eine Gruppe von **Dünen**.

„Das muss der Ort sein," sagte Lily, nachdem sie die Karte noch einmal überprüft hatte.

Sie begannen, im Sand in der Nähe der Dünen zu graben, und nach ein paar Minuten stießen sie auf etwas Festes. Es war eine weitere Kiste, aber diese war größer als die erste.

Tom und Lily öffneten die Kiste und fanden sie gefüllt mit alten Münzen, Muscheln und einem kleinen **Notizbuch**. Im Notizbuch stand eine Nachricht: „An die mutigen Entdecker, die dies finden: Möget ihr immer die Wunder des Meeres **entdecken**."

The Secret of the Sandy Beach

"Wow, we found a real **treasure**!" Tom said, his eyes wide with excitement.

Lily smiled. "This was the best beach day ever."

They carefully packed up the treasure and took it back to show their parents, who were just as amazed as they were.

As the sun began to set, Tom and Lily knew they had made **memories** that would last a lifetime. The **secret** of the sandy beach was theirs to keep, and they couldn't wait to tell their friends all about their adventure.

„Wow, wir haben einen echten **Schatz** gefunden!" sagte Tom mit großen Augen vor Aufregung.

Lily lächelte. „Das war der beste Strandtag überhaupt."

Sie packten den Schatz vorsichtig ein und brachten ihn zurück, um ihn ihren Eltern zu zeigen, die genauso erstaunt waren wie sie.

Als die Sonne unterging, wussten Tom und Lily, dass sie **Erinnerungen** gemacht hatten, die ein Leben lang halten würden. Das **Geheimnis** des Sandstrandes war ihr eigenes, und sie konnten es kaum erwarten, ihren Freunden von ihrem Abenteuer zu erzählen.

Vokabelliste
Vocabulary List

Englisch	Deutsch
beach	Strand
buckets	Eimer
shovels	Schaufeln
shore	Ufer
shoreline	Küstenlinie
box	Kiste
map	Karte
palm tree	Palme
rock	Felsen
dunes	Dünen
notebook	Notizbuch
seashells	Muscheln
treasure	Schatz
explore	erkunden
sandcastle	Sandburg
waves	Wellen
discover	entdecken
adventure	Abenteuer
memory	Erinnerung
secret	Geheimnis

Solve the puzzle!
Löse das Puzzle!

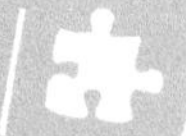

Puzzle #2

R	N	D	N	Y	B	J	O	L	K	N	D	B	L	P	A
A	S	K	G	X	W	A	P	C	C	J	T	Z	H	U	F
D	A	I	B	U	C	K	E	T	S	R	K	C	Q	U	P
R	Y	L	A	M	Y	U	R	G	L	N	A	I	Z	Q	B
M	S	S	X	X	L	E	I	N	X	E	J	E	E	B	M
J	A	S	J	E	X	B	H	C	B	O	N	R	P	G	R
Z	N	K	W	X	X	M	Z	A	D	I	O	T	F	E	M
P	D	Z	K	L	Z	A	H	C	L	H	Z	C	X	L	M
F	C	N	A	N	J	P	G	E	S	S	B	O	X	P	U
Q	A	H	X	Z	H	Z	R	V	N	W	G	W	M	J	D
J	S	W	Y	F	R	O	X	Z	G	T	W	P	S	W	M
M	T	J	N	L	H	F	L	P	Y	U	E	L	B	E	I
L	L	F	X	S	U	S	W	P	Z	U	I	E	X	N	N
Q	E	N	Y	H	S	S	S	D	K	N	T	M	P	F	Z
L	L	F	I	H	X	W	L	X	T	P	V	U	R	K	I
K	W	T	S	X	S	H	O	V	E	L	S	P	M	B	W

BEACH
BUCKETS
SANDCASTLE
SHORELINE
BOX
MAP
SHORE
SHOVELS

Questions about the short story
Fragen zur Kurzgeschichte ?

What do Tom and Lily find while building their sandcastle?
Was finden Tom und Lily, während sie ihre Sandburg bauen?

What does the map show?
Was zeigt die Karte?

Where do Tom and Lily find the second box?
Wo finden Tom und Lily die zweite Kiste?

What is inside the second box?
Was ist in der zweiten Kiste?

How do Tom and Lily feel about their discovery?
Wie fühlen sich Tom und Lily über ihre Entdeckung?

Multiple Choice-Questions
Multiple-Choice-Fragen

What do Tom and Lily use to dig in the sand?
Was benutzen Tom und Lily zum Graben im Sand?

A) A spoon (*Einen Löffel*)
B) A shovel (*Eine Schaufel*)
C) A rake (*Eine Harke*)

What is drawn on the map?
Was ist auf der Karte gezeichnet?

A) A path leading to a treasure
   (*Ein Pfad, der zu einem Schatz führt*)
B) A picture of a ship (*Ein Bild eines Schiffes*)
C) A lighthouse (*Ein Leuchtturm*)

What do Tom and Lily find in the dunes?
Was finden Tom und Lily in den Dünen?

A) A hidden cave (*Eine versteckte Höhle*)
B) A second box (*Eine zweite Kiste*)
C) A message in a bottle (*Eine Nachricht in einer Flasche*)

What is the message in the notebook about?
Worum geht es in der Nachricht im Notizbuch?

A) Discovering the wonders of the sea
   (*Die Wunder des Meeres entdecken*)
B) Finding buried treasure (*Einen vergrabenen Schatz finden*)
C) Protecting the beach (*Den Strand schützen*)

What do Tom and Lily do after finding the treasure?
Was tun Tom und Lily, nachdem sie den Schatz gefunden haben?

A) They bury it again (*Sie vergraben ihn wieder*)
B) They show it to their parents (*Sie zeigen ihn ihren Eltern*)
C) They leave it on the beach (*Sie lassen ihn am Strand*)

True/False-Questions
Wahr/Falsch-Fragen

Tom and Lily go on a trip to the mountains.
Tom und Lily machen einen Ausflug in die Berge.

True (*Wahr*)
False (*Falsch*)

They find a box buried in the sand.
Sie finden eine Kiste, die im Sand vergraben ist.

True (*Wahr*)
False (*Falsch*)

The map leads them to a hidden treasure in the dunes.
Die Karte führt sie zu einem versteckten Schatz in den Dünen.

True (*Wahr*)
False (*Falsch*)

Tom and Lily keep the treasure a secret from their parents.
Tom und Lily behalten den Schatz vor ihren Eltern geheim.

True (*Wahr*) ☐
False (*Falsch*) ☐

The notebook wishes them many adventures by the sea.
Das Notizbuch wünscht ihnen viele Abenteuer am Meer.

True (*Wahr*) ☐
False (*Falsch*) ☐

Did you know / Wusstest du schon?
Warum Englisch eine Weltsprache ist

Englisch wird in über 50 Ländern als offizielle Sprache gesprochen, wie zum Beispiel in Großbritannien, den USA, Australien und Kanada. Außerdem nutzen viele Menschen Englisch, um miteinander zu sprechen, selbst wenn sie aus verschiedenen Ländern kommen. Das macht Englisch zu einer Weltsprache! Wenn du Englisch lernst, kannst du dich mit Menschen auf der ganzen Welt verständigen.

LEARNING TO COOK

Tom and Lily's First Cooking Experience

It was a sunny afternoon, and Tom and Lily were at home with their mom. They had just finished their homework and were looking for something fun to do.

"How about we cook dinner tonight?" their mom suggested. "You can help me in the kitchen, and we'll make something **delicious** together."

Tom and Lily looked at each other with excitement. They had never cooked a full meal before, and the idea sounded like a lot of fun.

"That sounds great!" Tom said. "What are we going to make?"

"We'll keep it simple," their mom replied. "How about homemade pizza and a **salad**?"

"Pizza! Yes!" Lily cheered. "I love pizza!"

Their mom smiled and gathered the ingredients. "First, we need to make the **dough** for the pizza. It's really easy. You just need **flour**, water, **yeast**, and a little salt."

Tom and Lily washed their hands and got ready to help. Their mom measured out the ingredients and let them each take turns adding them to the mixing bowl.

"Now we **mix** it all together until it forms a soft dough," their mom explained.

Kochen lernen

Tom und Lilys erste Kocherfahrung

Es war ein sonniger Nachmittag, und Tom und Lily waren zu Hause mit ihrer Mutter. Sie hatten gerade ihre Hausaufgaben beendet und suchten nach etwas Lustigem, das sie tun konnten.

„Wie wäre es, wenn wir heute Abend das Abendessen kochen?" schlug ihre Mutter vor. „Ihr könnt mir in der Küche helfen, und wir machen etwas **Leckeres** zusammen."

Tom und Lily sahen sich mit Aufregung an. Sie hatten noch nie ein ganzes Essen gekocht, und die Idee klang nach viel Spaß.

„Das klingt super!" sagte Tom. „Was werden wir machen?"

„Wir halten es einfach," antwortete ihre Mutter. „Wie wäre es mit hausgemachter Pizza und einem **Salat**?"

„Pizza! Ja!" jubelte Lily. „Ich liebe Pizza!"

Ihre Mutter lächelte und sammelte die Zutaten. „Zuerst müssen wir den **Teig** für die Pizza machen. Das ist ganz einfach. Man braucht nur **Mehl**, Wasser, **Hefe** und etwas Salz."

Tom und Lily wuschen sich die Hände und waren bereit zu helfen. Ihre Mutter maß die Zutaten ab und ließ sie abwechselnd alles in die Rührschüssel geben.

„Jetzt **mischen** wir alles zusammen, bis ein weicher Teig entsteht," erklärte ihre Mutter.

Tom started mixing, and soon the dough began to come together. "This is fun! It's like making a big ball of clay," he said.

Once the dough was ready, their mom showed them how to **knead** it on the counter. "You just press it down with your hands, fold it over, and then press again. It's kind of like giving the dough a workout."

Lily giggled as she kneaded the dough. "It's soft and squishy!"

After the dough was ready, they let it rest while they prepared the other ingredients. Their mom showed them how to **slice tomatoes**, **mushrooms**, and **peppers** for the toppings.

"Be careful with the knife," their mom said as she helped them slice the vegetables. "Always keep your fingers out of the way."

Once the toppings were ready, their mom gave them each a small ball of dough to roll out into a **pizza base**. Tom and Lily used a **rolling pin** to flatten the dough into a circle.

"Now it's time to add the toppings!" their mom said.

They spread tomato sauce on the dough, sprinkled it with **cheese**, and added the sliced vegetables. Tom made his pizza with lots of mushrooms, while Lily added extra peppers to hers.

"This looks so good," Lily said as they finished decorating their pizzas.

Tom begann zu mischen, und bald begann der Teig sich zu formen. „Das macht Spaß! Es ist, als würde man eine große Kugel aus Ton machen," sagte er.

Als der Teig fertig war, zeigte ihre Mutter ihnen, wie man ihn auf der Arbeitsplatte **knetet**. „Man drückt ihn einfach mit den Händen nach unten, faltet ihn dann um und drückt wieder. Es ist so, als würde man dem Teig ein Workout geben."

Lily kicherte, während sie den Teig knetete. „Er ist weich und matschig!"

Nachdem der Teig fertig war, ließen sie ihn ruhen, während sie die anderen Zutaten vorbereiteten. Ihre Mutter zeigte ihnen, wie man **Tomaten**, **Champignons** und **Paprika** für den Belag **schneidet**.

„Seid vorsichtig mit dem Messer," sagte ihre Mutter, als sie ihnen beim Schneiden der Gemüse half. „Haltet immer die Finger aus dem Weg."

Als der Belag fertig war, gab ihre Mutter jedem von ihnen eine kleine Kugel Teig, um sie zu einem **Pizzaboden** auszurollen. Tom und Lily benutzten ein **Nudelholz**, um den Teig zu einem Kreis zu formen.

„Jetzt ist es Zeit, den Belag hinzuzufügen!" sagte ihre Mutter.

Sie verteilten Tomatensoße auf dem Teig, bestreuten ihn mit **Käse** und fügten die geschnittenen Gemüse hinzu. Tom machte seine Pizza mit vielen Champignons, während Lily extra Paprika hinzufügte.

„Das sieht so gut aus," sagte Lily, als sie ihre Pizzen fertig dekoriert hatten.

Learning to Cook

Their mom helped them put the pizzas in the **oven**. While they waited for the pizzas to **bake**, they made a simple salad with **lettuce**, **cucumbers**, and **carrots**.

"Making salad is easy," Tom said as he tossed the vegetables in a bowl. "I like how **colorful** it looks."

After a while, the smell of baking pizza filled the kitchen. Their mom took the pizzas out of the oven, and they all sat down at the table to eat.

"This is the best pizza I've ever had!" Tom said, taking a big bite.

"Me too!" Lily agreed. "I can't believe we made it ourselves!"

Their mom smiled proudly. "You both did a great job. Cooking is a wonderful skill to have, and it's even more fun when you do it together."

As they finished their meal, Tom and Lily felt proud of their cooking skills. They couldn't wait to try making more dishes in the kitchen.

"Can we cook again tomorrow?" Lily asked.

"Of course," their mom said. "We can try something new every week."

Tom and Lily knew that cooking would become one of their favorite activities, and they were excited to learn more.

Ihre Mutter half ihnen, die Pizzen in den **Ofen** zu schieben. Während sie warteten, bis die Pizzen fertig **gebacken** waren, machten sie einen einfachen Salat mit **Salat**, **Gurken** und **Karotten**.

„Einen Salat zu machen ist einfach," sagte Tom, als er das Gemüse in einer Schüssel vermischte. „Ich mag, wie **bunt** es aussieht."

Nach einer Weile erfüllte der Geruch von backender Pizza die Küche. Ihre Mutter holte die Pizzen aus dem Ofen, und sie setzten sich alle an den Tisch, um zu essen.

„Das ist die beste Pizza, die ich je gegessen habe!" sagte Tom und nahm einen großen Bissen.

„Ich auch!" stimmte Lily zu. „Ich kann nicht glauben, dass wir sie selbst gemacht haben!"

Ihre Mutter lächelte stolz. „Ihr habt beide einen großartigen Job gemacht. Kochen ist eine wunderbare Fähigkeit, und es macht noch mehr Spaß, wenn man es zusammen macht."

Als sie ihr Essen beendet hatten, fühlten sich Tom und Lily stolz auf ihre Kochkünste. Sie konnten es kaum erwarten, mehr Gerichte in der Küche auszuprobieren.

„Können wir morgen wieder kochen?" fragte Lily.

„Natürlich," sagte ihre Mutter. „Wir können jede Woche etwas Neues ausprobieren."

Tom und Lily wussten, dass das Kochen eine ihrer Lieblingsbeschäftigungen werden würde, und sie freuten sich darauf, mehr zu lernen.

Vokabelliste
Vocabulary List

Englisch	Deutsch
dough	Teig
flour	Mehl
yeast	Hefe
knead	kneten
slice	schneiden
tomatoes	Tomaten
mushrooms	Champignons
peppers	Paprika
pizza base	Pizzaboden
cheese	Käse
lettuce	Salat
cucumbers	Gurken
carrots	Karotten
oven	Ofen
rolling pin	Nudelholz
salad	Salat
colorful	bunt
delicious	lecker
bake	backen
mix	mischen

Solve the puzzle!
Löse das Puzzle!

Puzzle #3

S	S	R	E	F	X	E	K	A	O	Q	P	O	W	D	T
D	L	Z	P	E	P	P	E	R	S	V	F	H	B	P	K
G	D	X	L	O	C	U	C	U	M	B	E	R	S	R	W
M	C	K	D	W	K	H	L	G	J	P	D	N	F	X	Y
A	M	Z	B	N	U	L	Y	Z	G	P	R	D	E	W	Z
Y	U	C	P	C	K	B	A	L	K	H	H	I	C	D	B
N	S	O	R	M	Y	A	C	F	V	C	O	P	T	O	J
D	H	W	T	C	R	V	Q	T	R	J	H	Z	O	G	M
Y	R	L	I	H	U	R	N	Q	Z	J	Q	T	M	U	W
W	O	E	N	E	M	I	C	Y	V	A	J	Q	A	C	J
Y	O	T	J	E	V	C	R	L	M	R	C	G	T	R	Y
Y	M	T	B	S	C	C	A	R	R	O	T	S	O	L	I
Z	S	U	E	E	M	O	S	X	X	J	W	M	E	N	L
W	W	C	S	K	X	U	G	T	S	E	D	E	S	K	L
F	F	E	G	D	Y	H	J	U	Q	Z	Y	L	B	C	S
T	T	R	Z	N	B	X	G	P	N	V	D	E	J	K	C

CARROTS	CHEESE
CUCUMBERS	LETTUCE
MUSHROOMS	OVEN
PEPPERS	TOMATOES

Questions about the short story
Fragen zur Kurzgeschichte

What do Tom and Lily decide to do with their mom?
Was entscheiden sich Tom und Lily, mit ihrer Mutter zu tun?

What is the first step in making the pizza?
Was ist der erste Schritt beim Pizzamachen?

What toppings do Tom and Lily put on their pizzas?
Welche Beläge legen Tom und Lily auf ihre Pizzen?

What do they make to go with the pizza?
Was machen sie, um die Pizza zu begleiten?

How do Tom and Lily feel about their cooking experience?
Wie fühlen sich Tom und Lily über ihre Kocherfahrung?

Multiple Choice-Questions
Multiple-Choice-Fragen

What do Tom and Lily make for dinner?
Was machen Tom und Lily zum Abendessen?

A) Pasta (*Nudeln*) ☐
B) Pizza (*Pizza*) ☐
C) Soup (*Suppe*) ☐

What do they use to roll out the pizza dough?
Was benutzen sie, um den Pizzateig auszurollen?

A) A rolling pin (*Ein Nudelholz*) ☐
B) A spoon (*Einen Löffel*) ☐
C) A knife (*Ein Messer*) ☐

What vegetables do they slice for the pizza?
Welches Gemüse schneiden sie für die Pizza?

A) Onions (*Zwiebeln*) ☐
B) Tomatoes, mushrooms, and peppers
   (*Tomaten, Champignons und Paprika*) ☐
C) Carrots and cucumbers (*Karotten und Gurken*) ☐

What do they make along with the pizza?
Was machen sie zusammen mit der Pizza?

A) A salad (*Einen Salat*) ☐
B) Garlic bread (*Knoblauchbrot*) ☐
C) French fries (*Pommes frites*) ☐

How do Tom and Lily feel after cooking their meal?
Wie fühlen sich Tom und Lily nach dem Kochen ihres Essens?

A) Proud and happy (*Stolz und glücklich*) ☐
B) Tired and bored (*Müde und gelangweilt*) ☐
C) Nervous and unsure (*Nervös und unsicher*) ☐

True/False-Questions
Wahr/Falsch-Fragen

Tom and Lily make pizza and salad for dinner.
Tom und Lily machen Pizza und Salat zum Abendessen.

True (*Wahr*) ☐
False (*Falsch*) ☐

They slice onions and garlic for the pizza toppings.
Sie schneiden Zwiebeln und Knoblauch für den Pizzabelag.

True (*Wahr*) ☐
False (*Falsch*) ☐

Lily adds extra cheese to her pizza.
Lily fügt ihrer Pizza extra Käse hinzu.

True (*Wahr*) ☐
False (*Falsch*) ☐

Tom and Lily bake the pizza in the oven.
Tom und Lily backen die Pizza im Ofen.

True (*Wahr*) ☐
False (*Falsch*) ☐

After cooking, Tom and Lily feel proud of what they made.
Nach dem Kochen fühlen sich Tom und Lily stolz auf das, was sie gemacht haben.

True (*Wahr*) ☐
False (*Falsch*) ☐

Did you know / Wusstest du schon?
Englische Wörter in der Alltagssprache

Bestimmt kennst du schon viele englische Wörter, die wir auch im Deutschen benutzen! Wörter wie „cool", „okay", „Pizza" und „Team" sind eigentlich englisch, werden aber auch bei uns oft gebraucht. Manchmal merkt man gar nicht, dass man schon so viele englische Wörter kennt!

A TRIP TO THE LIBRARY

Tom and Lily Discover the World of Books

It was a rainy afternoon, and Tom and Lily were at home feeling a bit restless. They had played all their games and watched their favorite shows, but now they wanted to do something different.

"Why don't we go to the **library**?" their mom suggested. "It's a great place to find new **books** and **learn** something interesting."

Tom and Lily looked at each other and nodded excitedly. They loved reading, and the idea of finding new books was just what they needed.

"Let's go!" Tom said, grabbing his raincoat.

They put on their raincoats and boots and headed out with their mom. The library wasn't far from their house, and soon they were walking through the big wooden doors.

Inside, the library was warm and **quiet**. There were **shelves** full of books, **cozy reading corners**, and a **special section** just for kids.

"Wow, look at all these books!" Lily said, her eyes wide with wonder.

"Let's go find something fun to read," Tom said, heading to the kids' section.

The **librarian**, a friendly woman with glasses, greeted them. "Hello, kids! Looking for something special today?"

Ein Ausflug in die Bibliothek

Tom und Lily entdecken die Welt der Bücher

Es war ein regnerischer Nachmittag, und Tom und Lily waren zu Hause und fühlten sich ein bisschen unruhig. Sie hatten alle ihre Spiele gespielt und ihre Lieblingssendungen gesehen, aber jetzt wollten sie etwas anderes machen.

„Wie wäre es, wenn wir in die **Bibliothek** gehen?" schlug ihre Mutter vor. „Es ist ein großartiger Ort, um neue **Bücher** zu finden und etwas Interessantes zu **lernen**."

Tom und Lily sahen sich an und nickten aufgeregt. Sie liebten das Lesen, und die Idee, neue Bücher zu finden, war genau das, was sie brauchten.

„Lass uns gehen!" sagte Tom und griff nach seinem Regenmantel.

Sie zogen ihre Regenmäntel und Stiefel an und machten sich mit ihrer Mutter auf den Weg. Die Bibliothek war nicht weit von ihrem Haus entfernt, und bald gingen sie durch die großen Holztüren.

Drinnen war es warm und **still**. Es gab **Regale** voller Bücher, **gemütliche Leseecken** und einen **speziellen Bereich** nur für Kinder.

„Wow, schau dir all diese Bücher an!" sagte Lily mit weit aufgerissenen Augen.

„Lass uns etwas Spaßiges zum Lesen finden," sagte Tom und ging in den Kinderbereich.

Die **Bibliothekarin**, eine freundliche Frau mit Brille, begrüßte sie. „Hallo, Kinder! Sucht ihr heute nach etwas Besonderem?"

"Yes," Tom said. "We want to find some cool books to read."

The librarian smiled. "Well, you've come to the right place. We have books about everything—**adventures**, **animals**, science, and even **mysteries**. What do you like to read about?"

"I love animals," Lily said.

"And I like adventures," Tom added.

The librarian led them to the right shelves. "Here are some books about animals for you, Lily, and here are some adventure stories for you, Tom."

Lily picked up a book about the **rainforest** and started flipping through the pages. "Look, Tom! This book has **pictures** of all kinds of animals that live in the rainforest."

"That's cool!" Tom said, looking at a book about a boy who goes on a **treasure hunt**.

After finding their books, they sat down in a cozy corner to read. Lily was fascinated by the pictures and **stories** about the different animals in the rainforest, while Tom was lost in the adventure of the treasure hunt.

Their mom found them a little while later, still engrossed in their books. "It looks like you found something interesting," she said with a smile.

"Yes, I'm learning so much about the rainforest," Lily said. "Did you know there are frogs that change color?"

„Ja," sagte Tom. „Wir wollen ein paar coole Bücher zum Lesen finden."

Die Bibliothekarin lächelte. „Nun, ihr seid am richtigen Ort. Wir haben Bücher über alles—**Abenteuer**, **Tiere**, Wissenschaft und sogar **Geheimnisse**. Was lest ihr gerne?"

„Ich liebe Tiere," sagte Lily.

„Und ich mag Abenteuer," fügte Tom hinzu.

Die Bibliothekarin führte sie zu den richtigen Regalen. „Hier sind ein paar Bücher über Tiere für dich, Lily, und hier sind ein paar Abenteuergeschichten für dich, Tom."

Lily nahm ein Buch über den **Regenwald** und blätterte durch die Seiten. „Schau, Tom! Dieses Buch hat **Bilder** von allen möglichen Tieren, die im Regenwald leben."

„Das ist cool!" sagte Tom und betrachtete ein Buch über einen Jungen, der auf **Schatzsuche** geht.

Nachdem sie ihre Bücher gefunden hatten, setzten sie sich in eine gemütliche Ecke zum Lesen. Lily war fasziniert von den Bildern und **Geschichten** über die verschiedenen Tiere im Regenwald, während Tom in das Abenteuer der Schatzsuche vertieft war.

Ihre Mutter fand sie kurze Zeit später, immer noch in ihre Bücher vertieft. „Es sieht so aus, als hättet ihr etwas Interessantes gefunden," sagte sie mit einem Lächeln.

„Ja, ich lerne so viel über den Regenwald," sagte Lily. „Wusstest du, dass es Frösche gibt, die ihre Farbe ändern?"

"And I'm reading about a boy who finds a treasure map," Tom added. "It's so **exciting**!"

Their mom helped them **borrow** the books so they could take them home. "You can borrow these books for two weeks," the librarian told them. "And if you finish them early, you can always come back for more."

On the way home, Tom and Lily couldn't stop talking about their new books. "I can't wait to read more tonight," Tom said.

"Me too," Lily agreed. "I'm going to read about the rainforest animals before bed."

That night, after dinner, Tom and Lily curled up with their new books. They read until it was time to go to sleep, their **imagination** full of the stories they had **discovered**.

"Going to the library was the best idea," Lily said, turning off her bedside lamp.

"Yeah, we should go back soon," Tom replied, already thinking about what books he would borrow next time.

As they drifted off to sleep, Tom and Lily knew that the library had opened up a whole new world of adventures for them, right there in the pages of their books.

„Und ich lese über einen Jungen, der eine Schatzkarte findet," fügte Tom hinzu. „Es ist so **spannend**!"

Ihre Mutter half ihnen, die Bücher **auszuleihen**, damit sie sie mit nach Hause nehmen konnten. „Ihr könnt diese Bücher für zwei Wochen ausleihen," sagte die Bibliothekarin. „Und wenn ihr sie früher fertig habt, könnt ihr jederzeit zurückkommen und neue ausleihen."

Auf dem Weg nach Hause konnten Tom und Lily nicht aufhören, über ihre neuen Bücher zu sprechen. „Ich kann es kaum erwarten, heute Abend weiterzulesen," sagte Tom.

„Ich auch," stimmte Lily zu. „Ich werde vor dem Schlafengehen über die Tiere im Regenwald lesen."

An diesem Abend, nach dem Abendessen, kuschelten sich Tom und Lily mit ihren neuen Büchern zusammen. Sie lasen, bis es Zeit war, schlafen zu gehen, ihre **Fantasie** gefüllt mit den Geschichten, die sie **entdeckt** hatten.

„Der Besuch in der Bibliothek war die beste Idee," sagte Lily, als sie ihre Nachttischlampe ausschaltete.

„Ja, wir sollten bald wieder hingehen," antwortete Tom und dachte schon daran, welche Bücher er das nächste Mal ausleihen würde.

Als sie einschliefen, wussten Tom und Lily, dass die Bibliothek ihnen eine ganz neue Welt voller Abenteuer eröffnet hatte, direkt in den Seiten ihrer Bücher.

Vokabelliste
Vocabulary List

Englisch	Deutsch
library	Bibliothek
books	Bücher
adventures	Abenteuer
mysteries	Geheimnisse
animals	Tiere
rainforest	Regenwald
shelves	Regale
reading corner	Leseecke
librarian	Bibliothekarin
treasure hunt	Schatzsuche
borrow	ausleihen
cozy	gemütlich
exciting	spannend
discover	entdecken
imagination	Fantasie
learn	lernen
pictures	Bilder
stories	Geschichten
quiet	still
special section	spezieller Bereich

Solve the puzzle!
Löse das Puzzle!

Puzzle #4

```
N  Q  W  C  W  K  M  Q  E  Y  Q  N  O  R  X  C
I  W  P  D  F  W  P  Q  C  Q  U  E  V  C  L  E
K  M  W  F  I  R  O  W  T  Z  J  O  E  B  L  X
O  G  A  I  D  O  T  Z  F  G  F  X  N  W  R  I
O  S  O  G  T  A  N  Q  N  J  H  H  W  E  V  H
Q  T  S  Q  I  Z  E  I  C  N  D  Z  V  M  R  E
T  O  V  H  V  N  T  M  R  Y  B  O  A  W  N  T
I  R  R  B  E  I  A  A  W  W  C  L  Q  S  K  E
B  I  C  J  C  D  E  T  A  S  U  O  T  C  L  O
E  E  W  X  B  L  V  O  I  J  E  E  X  Z  O  V
T  S  E  O  K  L  C  D  B  O  U  A  C  M  B  X
U  J  B  O  R  R  O  W  L  A  N  N  F  O  A  J
L  X  V  T  Q  O  F  Q  M  Z  G  W  M  Z  Z  P
P  P  I  C  T  U  R  E  S  M  X  H  J  O  Z  Y
Y  I  G  E  J  F  U  D  I  A  U  L  A  D  T  N
K  W  O  G  I  K  N  T  J  C  B  X  W  K  V  A
```

BORROW	COZY
DISCOVER	EXCITING
IMAGINATION	LEARN
PICTURES	STORIES

Questions about the short story
Fragen zur Kurzgeschichte

?

Where do Tom and Lily go on a rainy afternoon?
Wohin gehen Tom und Lily an einem regnerischen Nachmittag?

____

____

What does the librarian help them find?
Wobei hilft die Bibliothekarin ihnen?

____

____

What book does Lily choose to read?
Welches Buch wählt Lily zum Lesen aus?

____

____

What kind of story does Tom choose?
Welche Art von Geschichte wählt Tom?

____

____

How do Tom and Lily feel about their trip to the library?
Wie fühlen sich Tom und Lily über ihren Ausflug in die Bibliothek?

____

____

Multiple Choice-Questions
Multiple-Choice-Fragen

What does Tom like to read about?
Worüber liest Tom gerne?

A) Animals (*Tiere*) ☐
B) Adventures (*Abenteuer*) ☐
C) Science (*Wissenschaft*) ☐

What does Lily's book have pictures of?
Wovon hat Lilys Buch Bilder?

A) Rainforest animals (*Regenwaldtiere*) ☐
B) Dinosaurs (*Dinosaurier*) ☐
C) Cars (*Autos*) ☐

Where do Tom and Lily sit to read?
Wo sitzen Tom und Lily zum Lesen?

A) At a table (*An einem Tisch*) ☐
B) On the floor (*Auf dem Boden*) ☐
C) In a cozy corner (*In einer gemütlichen Ecke*) ☐

What does the librarian say they can do if they finish their books early?
Was sagt die Bibliothekarin, können sie tun, wenn sie ihre Bücher früh fertig haben?

A) Borrow more books (*Weitere Bücher ausleihen*) ☐
B) Keep the books (*Die Bücher behalten*) ☐
C) Read them again (*Sie noch einmal lesen*) ☐

A Trip to the Library

How do Tom and Lily spend their evening after the library trip?
Wie verbringen Tom und Lily ihren Abend nach dem Bibliotheksbesuch?

A) Playing games (*Spiele spielen*)
B) Reading their new books (*Ihre neuen Bücher lesen*)
C) Watching TV (*Fernsehen schauen*)

True/False–Questions
Wahr/Falsch–Fragen

Tom and Lily go to the library because it's a sunny day.
Tom und Lily gehen in die Bibliothek, weil es ein sonniger Tag ist.

True (*Wahr*)
False (*Falsch*)

Lily chooses a book about rainforest animals.
Lily wählt ein Buch über Regenwaldtiere.

True (*Wahr*)
False (*Falsch*)

Tom reads a mystery book.
Tom liest ein Geheimnisbuch.

True (*Wahr*)
False (*Falsch*)

The librarian says they can borrow the books for two weeks.
Die Bibliothekarin sagt, sie können die Bücher für zwei Wochen ausleihen.

True (*Wahr*) ☐
False (*Falsch*) ☐

Tom and Lily think their trip to the library was boring.
Tom und Lily finden ihren Ausflug in die Bibliothek langweilig.

True (*Wahr*) ☐
False (*Falsch*) ☐

Did you know / Wusstest du schon?
Der längste Fluss in England

Der längste Fluss in England ist die Themse (englisch: Thames). Sie fließt durch die Hauptstadt London und ist ungefähr 346 Kilometer lang! Viele berühmte Sehenswürdigkeiten, wie der Tower of London und das London Eye, liegen direkt am Ufer der Themse.

HELPING IN THE GARDEN

Tom and Lily's Green Thumb Adventure

It was a bright Saturday morning, and Tom and Lily were excited to spend the day outside. Their dad had planned a special activity for them—helping out in the **garden**.

"Today, we're going to **plant** some new **flowers** and vegetables," their dad said as he handed them each a pair of gardening gloves. "It's going to be fun, and by the end of the day, we'll have a beautiful garden."

Tom and Lily put on their gloves and followed their dad to the garden bed. The garden was already full of green plants, but there was still plenty of space for new ones.

"First, we need to prepare the **soil**," their dad explained. "We'll start by loosening the soil with a **shovel** so that it's ready for planting."

Tom grabbed a small shovel and began digging into the soil. "This is like playing in the dirt!" he said, enjoying the task.

Lily used a **rake** to smooth out the soil. "It's nice and soft now," she said.

Once the soil was ready, their dad showed them how to plant the **seeds**. "We're going to plant some **tomatoes**, **carrots**, and **sunflowers** today," he said. "First, we'll dig small holes for the seeds, and then we'll cover them with soil."

Helfen im Garten

Tom und Lilys Abenteuer im Grünen

Es war ein strahlender Samstagmorgen, und Tom und Lily freuten sich darauf, den Tag draußen zu verbringen. Ihr Vater hatte eine besondere Aktivität für sie geplant—Hilfe im **Garten**.

„Heute werden wir neue **Blumen** und Gemüse pflanzen," sagte ihr Vater und reichte ihnen jeweils ein Paar Gartenhandschuhe. „Es wird Spaß machen, und am Ende des Tages werden wir einen schönen Garten haben."

Tom und Lily zogen ihre Handschuhe an und folgten ihrem Vater zum Blumenbeet. Der Garten war bereits voller grüner Pflanzen, aber es gab noch viel Platz für neue.

„Zuerst müssen wir den **Boden** vorbereiten," erklärte ihr Vater. „Wir fangen damit an, den Boden mit einer **Schaufel** aufzulockern, damit er bereit zum Pflanzen ist."

Tom schnappte sich eine kleine Schaufel und begann, den Boden zu graben. „Das ist wie Spielen im Dreck!" sagte er und genoss die Aufgabe.

Lily benutzte einen **Rechen**, um den Boden zu glätten. „Jetzt ist er schön weich," sagte sie.

Als der Boden bereit war, zeigte ihr Vater ihnen, wie man die **Samen** pflanzt. „Heute pflanzen wir **Tomaten**, **Karotten** und **Sonnenblumen**," sagte er. „Zuerst graben wir kleine Löcher für die Samen, und dann decken wir sie mit Erde zu."

Helping in the Garden

Tom and Lily each took turns digging holes and carefully placing the seeds inside. "I can't wait to see these **grow**," Lily said as she covered the last seed with soil.

"Gardening takes **patience**," their dad reminded them. "It will take some time for the plants to grow, but with care and water, they'll **sprout** in no time."

Next, they moved on to planting flowers. Their dad showed them a tray of bright, colorful flowers. "These are **marigolds** and **daisies**," he said. "They'll add a lot of color to our garden."

Lily loved the bright yellow marigolds, while Tom preferred the white daisies. They carefully planted the flowers in a row, making sure they had enough space to grow.

"This is going to look so pretty when they **bloom**," Lily said, imagining the garden full of flowers.

After all the planting was done, it was time to water the garden. Their dad showed them how to use the **watering can** to gently water the plants. "Be careful not to overwater them," he said. "Just enough to keep the soil moist."

Tom and Lily took turns watering the plants, making sure each one got a good drink of water. "This is like giving the plants a shower," Tom said with a laugh.

Tom und Lily wechselten sich ab, um Löcher zu graben und die Samen vorsichtig hineinzulegen. „Ich kann es kaum erwarten, dass diese **wachsen**," sagte Lily, als sie den letzten Samen mit Erde bedeckte.

„**Gärtnern** erfordert **Geduld**," erinnerte sie ihr Vater. „Es wird eine Weile dauern, bis die Pflanzen wachsen, aber mit Pflege und Wasser werden sie bald **sprießen**."

Als Nächstes pflanzten sie Blumen. Ihr Vater zeigte ihnen eine Schale mit leuchtend bunten Blumen. „Das sind **Ringelblumen** und **Gänseblümchen**," sagte er. „Sie werden viel Farbe in unseren Garten bringen."

Lily liebte die leuchtend gelben Ringelblumen, während Tom die weißen Gänseblümchen bevorzugte. Sie pflanzten die Blumen vorsichtig in einer Reihe und achteten darauf, dass sie genügend Platz zum Wachsen hatten.

„Das wird so hübsch aussehen, wenn sie **blühen**," sagte Lily und stellte sich den Garten voller Blumen vor.

Nachdem alles gepflanzt war, war es Zeit, den Garten zu gießen. Ihr Vater zeigte ihnen, wie man die **Gießkanne** benutzt, um die Pflanzen sanft zu gießen. „Passt auf, dass ihr sie nicht überwässert," sagte er. „Gerade genug, um den Boden feucht zu halten."

Tom und Lily wechselten sich ab, die Pflanzen zu gießen und darauf zu achten, dass jede einen guten Schluck Wasser bekam. „Das ist wie eine Dusche für die Pflanzen," sagte Tom lachend.

Helping in the Garden

When they were finished, the garden looked neat and tidy, with rows of seeds and flowers ready to grow. "You both did an excellent job," their dad said. "In a few weeks, we'll start to see the plants sprouting."

As they **cleaned up**, Lily noticed something moving in the garden. "Look, a **butterfly**!" she exclaimed.

The butterfly fluttered around the flowers, landing on a daisy. "It's so pretty," Tom said. "I bet it likes the garden we made."

Their dad smiled. "That's one of the great things about gardening. You get to enjoy the plants and the **wildlife** that comes to visit."

Tom and Lily felt proud of the work they had done. They couldn't wait to see the garden grow and to spend more time outside taking care of it.

"Can we help in the garden again next weekend?" Tom asked.

"Absolutely," their dad replied. "Gardening is something we can do together all season long."

As they headed back inside, Tom and Lily knew they had discovered a new hobby. Helping in the garden wasn't just fun—it was also a great way to spend time together and watch something beautiful grow.

Als sie fertig waren, sah der Garten ordentlich und gepflegt aus, mit Reihen von Samen und Blumen, die bereit waren zu wachsen. „Ihr habt beide einen hervorragenden Job gemacht," sagte ihr Vater. „In ein paar Wochen werden wir anfangen, die Pflanzen **sprießen** zu sehen."

Als sie **aufräumten**, bemerkte Lily etwas, das sich im Garten bewegte. „Schau, ein **Schmetterling**!" rief sie aus.

Der Schmetterling flatterte um die Blumen und landete auf einem Gänseblümchen. „Er ist so hübsch," sagte Tom. „Ich wette, er mag den Garten, den wir gemacht haben."

Ihr Vater lächelte. „Das ist eines der großartigen Dinge am Gärtnern. Man kann die Pflanzen und die **Wildtiere** genießen, die zu Besuch kommen."

Tom und Lily waren stolz auf die Arbeit, die sie geleistet hatten. Sie konnten es kaum erwarten, den Garten wachsen zu sehen und mehr Zeit draußen zu verbringen, um sich um ihn zu kümmern.

„Können wir nächstes Wochenende wieder im Garten helfen?" fragte Tom.

„Auf jeden Fall," antwortete ihr Vater. „Gärtnern ist etwas, das wir die ganze Saison über zusammen machen können."

Als sie wieder ins Haus gingen, wussten Tom und Lily, dass sie ein neues Hobby entdeckt hatten. Das Helfen im Garten machte nicht nur Spaß—es war auch eine großartige Möglichkeit, Zeit miteinander zu verbringen und etwas Schönes wachsen zu sehen.

Vokabelliste
Vocabulary List

Englisch	Deutsch
garden	Garten
shovel	Schaufel
rake	Rechen
seeds	Samen
tomatoes	Tomaten
carrots	Karotten
sunflowers	Sonnenblumen
flowers	Blumen
marigolds	Ringelblumen
daisies	Gänseblümchen
watering can	Gießkanne
soil	Erde
plant	pflanzen
grow	wachsen
butterfly	Schmetterling
bloom	blühen
patience	Geduld
sprout	sprießen
wildlife	Wildtiere
clean up	aufräumen

Solve the puzzle!
Löse das Puzzle!

Puzzle #5

```
D  T  B  U  T  T  E  R  F  L  Y  A  V  O  K  G
I  R  P  M  W  I  L  D  L  I  F  E  C  R  S  I
K  Y  V  N  Z  B  H  K  S  H  J  B  J  P  P  Y
U  H  W  K  K  S  L  F  P  T  Y  Y  O  X  R  W
Z  D  X  M  C  P  N  O  D  G  R  Z  Y  C  O  K
E  U  W  S  J  A  X  J  O  Z  R  H  E  X  U  I
W  Y  H  F  O  T  A  L  M  M  D  O  O  Y  T  J
E  E  T  F  O  I  Q  B  N  M  X  H  W  T  G  M
Y  L  C  R  V  E  L  Z  G  L  V  M  C  P  G  E
Z  W  W  X  J  N  O  B  K  R  S  M  E  D  P  X
Y  A  F  E  R  C  W  T  Q  S  J  I  X  D  U  X
L  C  E  V  F  E  N  B  O  P  B  U  Q  G  R  A
P  X  L  V  C  A  Y  R  S  O  L  L  I  D  C  T
W  E  Y  Z  L  H  B  C  B  X  U  I  D  F  Y  C
Y  H  Y  P  C  N  J  J  R  V  U  F  P  K  B  T
L  O  S  I  X  D  B  R  I  N  I  Z  A  G  H  T
```

BLOOM	BUTTERFLY
GROW	PATIENCE
PLANT	SOIL
SPROUT	WILDLIFE

Questions about the short story
Fragen zur Kurzgeschichte

What do Tom and Lily help their dad with in the garden?
Wobei helfen Tom und Lily ihrem Vater im Garten?

____

____

What do they use to prepare the soil?
Was benutzen sie, um den Boden vorzubereiten?

____

____

What vegetables do they plant in the garden?
Welches Gemüse pflanzen sie im Garten?

____

____

What flowers do Tom and Lily plant?
Welche Blumen pflanzen Tom und Lily?

____

____

How do Tom and Lily feel about their gardening experience?
Wie fühlen sich Tom und Lily über ihre Erfahrung im Gärtnern?

____

____

Multiple Choice-Questions
Multiple-Choice-Fragen

What tool does Tom use to loosen the soil?
Welches Werkzeug benutzt Tom, um den Boden aufzulockern?

A) A rake (*Ein Rechen*) ☐
B) A shovel (*Eine Schaufel*) ☐
C) A watering can (*Eine Gießkanne*) ☐

What do they plant after the vegetables?
Was pflanzen sie nach dem Gemüse?

A) Trees (*Bäume*) ☐
B) Flowers (*Blumen*) ☐
C) Fruit (*Obst*) ☐

What kind of flowers does Lily plant?
Welche Art von Blumen pflanzt Lily?

A) Marigolds (*Ringelblumen*) ☐
B) Roses (*Rosen*) ☐
C) Tulips (*Tulpen*) ☐

What do they use to water the plants?
Was benutzen sie, um die Pflanzen zu gießen?

A) A bucket (*Einen Eimer*) ☐
B) A hose (*Einen Schlauch*) ☐
C) A watering can (*Eine Gießkanne*) ☐

What do Tom and Lily see in the garden after they finish?
Was sehen Tom und Lily im Garten, nachdem sie fertig sind?

A) A bird (*Einen Vogel*) ☐
B) A butterfly (*Einen Schmetterling*) ☐
C) A rabbit (*Ein Kaninchen*) ☐

True/False-Questions
Wahr/Falsch-Fragen

Tom and Lily help their dad plant flowers and vegetables.
Tom und Lily helfen ihrem Vater, Blumen und Gemüse zu pflanzen.

True (*Wahr*) ☐
False (*Falsch*) ☐

They use a watering can to water the plants.
Sie benutzen eine Gießkanne, um die Pflanzen zu gießen.

True (*Wahr*) ☐
False (*Falsch*) ☐

Lily prefers the marigolds, and Tom prefers the daisies.
Lily bevorzugt die Ringelblumen, und Tom bevorzugt die Gänseblümchen.

True (*Wahr*) ☐
False (*Falsch*) ☐

Tom thinks gardening is boring and doesn't want to do it again.
Tom findet Gärtnern langweilig und möchte es nicht noch einmal machen.

True (*Wahr*) ☐
False (*Falsch*) ☐

They see a butterfly in the garden at the end.
Am Ende sehen sie einen Schmetterling im Garten.

True (*Wahr*) ☐
False (*Falsch*) ☐

Did you know / Wusstest du schon?
Warum heißt es »English Breakfast«?

Ein traditionelles „English Breakfast" ist ein großes Frühstück, das oft aus Eiern, Speck, Würstchen, gebackenen Bohnen, Toast und gegrillten Tomaten besteht. Früher war es eine Mahlzeit, die besonders auf dem Land gegessen wurde, weil die Menschen für ihre harte Arbeit viel Energie brauchten. Heute ist es auf der ganzen Welt bekannt und wird auch in Hotels oft angeboten!

THE SCHOOL SCIENCE FAIR

Tom and Lily's Big Experiment

Tom and Lily were excited. The school **science fair** was coming up, and they had decided to work on a project together. It was their first time participating, and they wanted to make something special.

"We need to come up with an idea that's fun and interesting," Tom said as they sat at the kitchen table after school.

"How about we make a **volcano**?" Lily suggested. "We could show how it erupts with **baking soda** and **vinegar**!"

"That's a great idea!" Tom agreed. "Let's do it!"

Their mom helped them gather the **materials** they needed: a plastic bottle, some **clay**, baking soda, vinegar, and red food coloring. They also found a large piece of **cardboard** to use as the base for their volcano.

"We can shape the volcano around the bottle with the clay," their mom explained. "Then we'll paint it to make it look real."

Tom and Lily worked together to shape the clay around the bottle, making it look like a mountain. They added some small rocks and painted the volcano with brown and grey colors. Once it dried, they sprinkled a little green paint on top to make it look like there were trees growing on it.

Die Schul-Wissenschaftsmesse

Tom und Lilys großes Experiment

Tom und Lily waren aufgeregt. Die Schul-**Wissenschaftsmesse** stand bevor, und sie hatten beschlossen, an einem **Projekt** gemeinsam zu arbeiten. Es war das erste Mal, dass sie teilnahmen, und sie wollten etwas Besonderes machen.

„Wir müssen uns eine Idee einfallen lassen, die Spaß macht und interessant ist," sagte Tom, als sie nach der Schule am Küchentisch saßen.

„Wie wäre es, wenn wir einen **Vulkan** machen?" schlug Lily vor. „Wir könnten zeigen, wie er mit **Backpulver** und **Essig** ausbricht!"

„Das ist eine tolle Idee!" stimmte Tom zu. „Lass es uns machen!"

Ihre Mutter half ihnen, die **Materialien** zu sammeln, die sie brauchten: eine Plastikflasche, etwas **Ton**, Backpulver, Essig und rote Lebensmittelfarbe. Sie fanden auch ein großes Stück **Pappe**, das sie als Basis für ihren Vulkan verwenden konnten.

„Wir können den Vulkan mit dem Ton um die Flasche herum formen," erklärte ihre Mutter. „Dann malen wir ihn an, damit er echt aussieht."

Tom und Lily arbeiteten zusammen, um den Ton um die Flasche herum zu formen, sodass er wie ein Berg aussah. Sie fügten einige kleine Steine hinzu und bemalten den Vulkan mit braunen und grauen Farben. Nachdem er getrocknet war, sprenkelten sie etwas grüne Farbe darauf, damit es so aussah, als würden Bäume darauf wachsen.

"It looks awesome!" Lily said, admiring their work.

"Now let's test it!" Tom said eagerly.

They set the volcano on the cardboard base and poured some baking soda into the bottle. Then, they added a few drops of red food coloring to the vinegar to make it look like **lava**. Finally, they carefully poured the vinegar into the bottle.

"Here it comes!" Lily said as the mixture started to fizz.

Suddenly, the "lava" started bubbling up and flowing out of the top of the volcano. It looked just like a real volcanic **eruption**!

"Wow! That's so cool!" Tom exclaimed. "It really looks like an erupting volcano!"

Their mom smiled. "You did a great job! This will be perfect for the science fair."

For the next few days, Tom and Lily practiced their **presentation**. They learned about how real volcanoes work and why they erupt. They even made a **poster** with pictures and facts to go with their project.

Finally, the day of the science fair arrived. The school gym was filled with tables, each one displaying a different project. Tom and Lily set up their volcano on their table, along with their poster and the materials they needed for the **demonstration**.

As the other students and parents walked by, they stopped to watch Tom and Lily's volcano erupt. Everyone was impressed by how real it looked and how much Tom and Lily knew about volcanoes.

„Das sieht toll aus!" sagte Lily und bewunderte ihre Arbeit.

„Jetzt lass es uns testen!" sagte Tom aufgeregt.

Sie stellten den Vulkan auf die Pappe und füllten etwas Backpulver in die Flasche. Dann fügten sie ein paar Tropfen rote Lebensmittelfarbe zum Essig hinzu, damit es wie **Lava** aussah. Schließlich gossen sie vorsichtig den Essig in die Flasche.

„Es geht los!" sagte Lily, als das Gemisch zu sprudeln begann.

Plötzlich begann die „Lava" zu sprudeln und aus dem Vulkan zu fließen. Es sah aus wie ein echter Vulkan**ausbruch**!

„Wow! Das ist so cool!" rief Tom aus. „Es sieht wirklich wie ein ausbrechender Vulkan aus!"

Ihre Mutter lächelte. „Ihr habt eine tolle Arbeit geleistet! Das wird perfekt für die **Wissenschaftsmesse** sein."

In den nächsten Tagen übten Tom und Lily ihre **Präsentation**. Sie lernten, wie echte Vulkane funktionieren und warum sie ausbrechen. Sie machten sogar ein **Poster** mit Bildern und Fakten, das zu ihrem Projekt passte.

Schließlich war der Tag der Wissenschaftsmesse gekommen. Die Schulsporthalle war voller Tische, auf denen jedes Projekt präsentiert wurde. Tom und Lily stellten ihren Vulkan auf ihrem Tisch auf, zusammen mit ihrem Poster und den Materialien, die sie für die **Vorführung** brauchten.

Als die anderen Schüler und Eltern vorbeigingen, blieben sie stehen, um zu sehen, wie Tom und Lilys Vulkan ausbrach. Alle waren beeindruckt, wie echt er aussah und wie viel Tom und Lily über Vulkane wussten.

"You guys did an amazing job," one of their teachers said. "Your project is really **impressive**."

Tom and Lily felt **proud** as they showed off their volcano to the **judges**. When the **winners** were announced at the end of the day, they were thrilled to hear that they had won first place for their project!

"This was so much fun," Lily said as they walked home with their **blue ribbon**.

"Yeah, I can't wait to do it again next year," Tom agreed. "Maybe we can think of something even bigger and better!"

Their mom smiled. "I'm so **proud** of both of you. You worked hard and did something really **creative**. I'm sure you'll come up with another great idea next year."

As they hung their blue ribbon on the wall at home, Tom and Lily knew that the science fair would be one of their favorite school memories.

„Ihr habt großartige Arbeit geleistet," sagte einer ihrer Lehrer. „Euer Projekt ist wirklich **beeindruckend**."

Tom und Lily waren **stolz**, als sie ihren Vulkan den **Juroren** zeigten. Als am Ende des Tages die **Gewinner** bekannt gegeben wurden, waren sie überglücklich zu hören, dass sie den ersten Platz für ihr Projekt gewonnen hatten!

„Das hat so viel Spaß gemacht," sagte Lily, als sie mit ihrem **blauen Band** nach Hause gingen.

„Ja, ich kann es kaum erwarten, nächstes Jahr wieder mitzumachen," stimmte Tom zu. „Vielleicht können wir uns etwas noch Größeres und Besseres ausdenken!"

Ihre Mutter lächelte. „Ich bin so stolz auf euch beide. Ihr habt hart gearbeitet und etwas wirklich **Kreatives** gemacht. Ich bin sicher, dass ihr nächstes Jahr wieder eine großartige Idee haben werdet."

Als sie ihr Band zu Hause an die Wand hängten, wussten Tom und Lily, dass die Wissenschaftsmesse eine ihrer Lieblingsschulerinnerungen sein würde.

Vokabelliste
Vocabulary List

Englisch	Deutsch
science fair	Wissenschaftsmesse
experiment	Experiment
volcano	Vulkan
baking soda	Backpulver
vinegar	Essig
clay	Ton
eruption	Ausbruch
materials	Materialien
lava	Lava
cardboard	Pappe
demonstration	Vorführung
poster	Poster
presentation	Präsentation
judges	Juroren
blue ribbon	Blaues Band
proud	stolz
impressive	beeindruckend
winner	Gewinner
creative	kreativ

Solve the puzzle!
Löse das Puzzle!

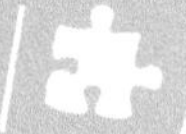

Puzzle #6

D	E	D	I	T	Z	L	A	N	W	C	S	K	J	T	B
D	A	K	O	Z	J	S	P	F	F	W	Z	C	H	P	O
C	E	G	I	E	E	H	L	Q	E	G	T	L	T	C	I
R	D	B	O	G	H	V	F	E	Q	I	R	A	K	A	P
I	X	E	D	U	A	V	Y	P	P	M	F	V	Y	R	R
B	M	U	M	B	A	U	A	E	D	Z	W	A	X	D	E
A	J	O	V	O	H	M	K	I	T	G	M	Y	C	B	S
N	O	Y	A	E	N	V	A	I	L	S	U	U	K	O	E
G	G	T	T	U	R	S	T	T	J	S	K	G	M	A	N
E	K	I	C	E	A	U	T	O	E	V	N	U	A	R	T
K	B	W	T	Y	X	V	P	R	B	R	G	M	R	D	A
B	V	S	Y	X	S	E	U	T	A	L	I	C	H	D	T
M	O	K	T	T	B	O	T	N	I	T	M	A	S	Y	I
P	V	S	M	O	V	O	X	T	C	O	I	N	L	Z	O
H	O	Z	P	D	H	A	R	W	J	C	N	O	P	S	N
Q	N	H	U	G	P	J	P	R	X	F	R	Z	N	I	I

CARDBOARD
ERUPTION
LAVA
POSTER
DEMONSTRATION
JUDGES
MATERIALS
PRESENTATION

Questions about the short story
Fragen zur Kurzgeschichte

What project do Tom and Lily decide to make for the science fair?
Welches Projekt beschließen Tom und Lily für die Wissenschaftsmesse zu machen?

____

____

What do they use to make the volcano?
Was benutzen sie, um den Vulkan zu machen?

____

____

How does the volcano erupt?
Wie bricht der Vulkan aus?

____

____

What do Tom and Lily learn about while preparing for the science fair?
Was lernen Tom und Lily während der Vorbereitung auf die Wissenschaftsmesse?

____

____

How do Tom and Lily feel after winning first place?
Wie fühlen sich Tom und Lily, nachdem sie den ersten Platz gewonnen haben?

____

____

Multiple Choice-Questions
Multiple-Choice-Fragen

What do Tom and Lily use to make the volcano erupt?
Was benutzen Tom und Lily, um den Vulkan ausbrechen zu lassen?

A) Water and flour (*Wasser und Mehl*) ☐
B) Baking soda and vinegar (*Backpulver und Essig*) ☐
C) Sand and water (*Sand und Wasser*) ☐

What color do they add to the vinegar to make it look like lava?
Welche Farbe fügen sie dem Essig hinzu, damit es wie Lava aussieht?

A) Blue (*Blau*) ☐
B) Yellow (*Gelb*) ☐
C) Red (*Rot*) ☐

Where do Tom and Lily display their project at the science fair?
Wo stellen Tom und Lily ihr Projekt bei der Wissenschaftsmesse aus?

A) In the classroom (*Im Klassenzimmer*) ☐
B) In the school gym (*In der Schulsporthalle*) ☐
C) In the cafeteria (*In der Cafeteria*) ☐

How do the other students and parents react to Tom and Lily's project?
Wie reagieren die anderen Schüler und Eltern auf Tom und Lilys Projekt?

A) They are impressed (*Sie sind beeindruckt*) ☐
B) They are bored (*Sie sind gelangweilt*) ☐
C) They don't notice it (*Sie bemerken es nicht*) ☐

What do Tom and Lily win for their volcano project?
Was gewinnen Tom und Lily für ihr Vulkan-Projekt?

A) A trophy (*Eine Trophäe*)   ☐
B) A blue ribbon (*Ein blaues Band*)   ☐
C) A book (*Ein Buch*)   ☐

True/False–Questions
Wahr/Falsch–Fragen

Tom and Lily decide to build a rocket for the science fair.
Tom und Lily beschließen, eine Rakete für die Wissenschaftsmesse zu bauen.

True (*Wahr*)   ☐
False (*Falsch*)   ☐

They use clay to shape the volcano.
Sie benutzen Ton, um den Vulkan zu formen.

True (*Wahr*)   ☐
False (*Falsch*)   ☐

The volcano erupts when they add baking soda and vinegar.
Der Vulkan bricht aus, wenn sie Backpulver und Essig hinzufügen.

True (*Wahr*)   ☐
False (*Falsch*)   ☐

Tom and Lily win second place for their project.
Tom und Lily gewinnen den zweiten Platz für ihr Projekt.

True (*Wahr*)   ☐
False (*Falsch*)   ☐

They plan to do an even bigger project next year.
Sie planen, nächstes Jahr ein noch größeres Projekt zu machen.

True (*Wahr*)   ☐
False (*Falsch*)   ☐

Did you know / Wusstest du schon?
Warum sagen wir »OK«?

Das Wort „OK" wird überall auf der Welt benutzt, um zu sagen, dass alles in Ordnung ist. Aber wusstest du, dass es aus den USA kommt und ursprünglich eine Abkürzung für „Oll Korrect" war? Das war im 19. Jahrhundert ein lustiger Schreibfehler von „All Correct"! Heute benutzt fast jeder „OK", um zu zeigen, dass etwas gut oder richtig ist.

A TRIP TO THE GROCERY STORE

Tom and Lily Learn About Healthy Eating

It was a sunny Saturday morning, and Tom and Lily were getting ready for a trip to the **grocery store** with their mom. Today, their mom had asked them to help with the shopping, and they were excited to pick out some of their favorite foods.

"Let's make a list before we go," their mom suggested. "That way, we won't forget anything."

Tom and Lily sat at the kitchen table with a piece of paper and a pen. "What do we need?" Tom asked.

"Well," their mom said, "we need some fruits, **vegetables**, and things for lunch and dinner. We also need to pick out a **healthy snack**."

Lily started writing the list: **apples**, **bananas**, **carrots**, **milk**, **bread**, and **cheese**.

"Don't forget the **cereal**!" Tom added.

"Good idea," their mom said. "Now, let's head to the store."

At the grocery store, they grabbed a **shopping cart** and began walking down the aisles. The first stop was the **produce section**, where they found all kinds of fresh fruits and vegetables.

Ein Ausflug in den Supermarkt

Tom und Lily lernen über gesunde Ernährung

Es war ein sonniger Samstagmorgen, und Tom und Lily bereiteten sich auf einen Ausflug in den **Supermarkt** mit ihrer Mutter vor. Heute hatte ihre Mutter sie gebeten, beim Einkaufen zu helfen, und sie freuten sich darauf, einige ihrer Lieblingsspeisen auszuwählen.

„Lasst uns eine Liste machen, bevor wir losfahren," schlug ihre Mutter vor. „So vergessen wir nichts."

Tom und Lily setzten sich an den Küchentisch mit einem Blatt Papier und einem Stift. „Was brauchen wir?" fragte Tom.

„Nun," sagte ihre Mutter, „wir brauchen einige Früchte, **Gemüse** und Sachen für das Mittag- und Abendessen. Wir müssen auch einen **gesunden Snack** auswählen."

Lily begann, die Liste zu schreiben: **Äpfel**, **Bananen**, **Karotten**, **Milch**, **Brot** und **Käse**.

„Vergiss das **Müsli** nicht!" fügte Tom hinzu.

„Gute Idee," sagte ihre Mutter. „Nun, lasst uns zum Supermarkt gehen."

Im Supermarkt schnappten sie sich einen **Einkaufswagen** und begannen, durch die Gänge zu gehen. Der erste Stopp war die **Obst- und Gemüseabteilung**, wo sie allerlei frische Früchte und Gemüse fanden.

A Trip to the Grocery Store

"Look at all the colorful fruits!" Lily said. "Can we get some **strawberries**?"

"Sure," their mom said. "Let's also get some apples and bananas."

Tom picked out a bunch of bananas and placed them in the cart. Lily chose a box of strawberries and a few shiny red apples.

"Great choices," their mom said. "Now, let's move on to the vegetables."

They walked over to the vegetable section. There were piles of carrots, **lettuce**, tomatoes, and more. "I love carrots," Lily said, grabbing a bag.

"And we need some tomatoes for the salad," their mom added. "Tom, can you get a head of lettuce?"

"Got it!" Tom said as he picked out a fresh head of lettuce and put it in the cart.

Next, they headed to the **dairy section** to pick up some milk and cheese. "Do you want to try a new kind of cheese?" their mom asked.

"Sure!" Tom said. "How about this one?" He pointed to a block of cheddar cheese.

"Cheddar is a great choice," their mom said, adding it to the cart.

„Schau dir all die bunten Früchte an!" sagte Lily. „Können wir **Erdbeeren** kaufen?"

„Klar," sagte ihre Mutter. „Lass uns auch ein paar Äpfel und Bananen holen."

Tom suchte ein Bund Bananen aus und legte es in den Wagen. Lily wählte eine Schachtel Erdbeeren und ein paar glänzende rote Äpfel aus.

„Tolle Auswahl," sagte ihre Mutter. „Nun, lasst uns zu den Gemüsen gehen."

Sie gingen zur Gemüseabteilung. Es gab Stapel von Karotten, **Salat**, Tomaten und mehr. „Ich liebe Karotten," sagte Lily und griff nach einer Tüte.

„Und wir brauchen Tomaten für den Salat," fügte ihre Mutter hinzu. „Tom, kannst du einen Kopf Salat holen?"

„Hab ich!" sagte Tom, als er einen frischen Salatkopf auswählte und in den Wagen legte.

Als Nächstes gingen sie zur **Milchabteilung**, um Milch und Käse zu holen. „Möchtet ihr eine neue Käsesorte probieren?" fragte ihre Mutter.

„Klar!" sagte Tom. „Wie wäre es mit diesem hier?" Er zeigte auf einen Block Cheddar-Käse.

„Cheddar ist eine gute Wahl," sagte ihre Mutter und legte ihn in den Wagen.

A Trip to the Grocery Store

After they had everything on their list, they made one last stop at the snack aisle. "Remember, we need to **choose** a healthy snack," their mom reminded them.

"Can we get some **yogurt**?" Lily asked.

"That's a perfect choice," their mom said. "Yogurt is a healthy and tasty snack."

They picked out a few containers of yogurt, and then headed to the checkout.

At home, Tom and Lily helped their mom put away the groceries. "It's important to choose healthy foods," their mom said. "Fruits, vegetables, and **whole grains** help keep us strong and healthy."

"Yeah, and they taste good too," Tom said, biting into a **crispy** apple.

Lily smiled as she arranged the bananas in the fruit bowl. "I can't wait to have some yogurt later," she said.

"Me too," Tom agreed. "Grocery shopping was fun. Can we do it again next time?"

"Of course," their mom said. "You both did a great job today."

As they finished putting away the groceries, Tom and Lily felt proud of their choices. They had learned how to pick out healthy foods and enjoyed spending time together as a family.

Nachdem sie alles auf ihrer Liste hatten, machten sie einen letzten Stopp im Snack-Gang. „Denkt daran, wir müssen einen gesunden Snack **auswählen**," erinnerte sie ihre Mutter.

„Können wir **Joghurt** kaufen?" fragte Lily.

„Das ist eine perfekte Wahl," sagte ihre Mutter. „Joghurt ist ein gesunder und leckerer Snack."

Sie suchten ein paar Becher Joghurt aus und gingen dann zur Kasse.

Zu Hause halfen Tom und Lily ihrer Mutter, die Lebensmittel wegzuräumen. „Es ist wichtig, gesunde Lebensmittel auszuwählen," sagte ihre Mutter. „Früchte, Gemüse und **Vollkornprodukte** helfen uns, stark und gesund zu bleiben."

„Ja, und sie schmecken auch gut," sagte Tom, während er in einen **knackigen** Apfel biss.

Lily lächelte, als sie die Bananen in die Obstschale legte. „Ich kann es kaum erwarten, später etwas Joghurt zu essen," sagte sie.

„Ich auch," stimmte Tom zu. „Einkaufen war lustig. Können wir das beim nächsten Mal wieder machen?"

„Klar," sagte ihre Mutter. „Ihr habt heute großartige Arbeit geleistet."

Als sie das Wegräumen der Lebensmittel beendeten, waren Tom und Lily stolz auf ihre Auswahl. Sie hatten gelernt, wie man gesunde Lebensmittel auswählt und genossen die Zeit, die sie zusammen als Familie verbrachten.

Vokabelliste
Vocabulary List

Englisch	Deutsch
grocery store	Supermarkt
apples	Äpfel
bananas	Bananen
carrots	Karotten
milk	Milch
bread	Brot
cheese	Käse
cereal	Müsli
strawberries	Erdbeeren
vegetables	Gemüse
lettuce	Salat
yogurt	Joghurt
shopping cart	Einkaufswagen
produce section	Obst- und Gemüseabteilung
dairy section	Milchabteilung
snack	Snack
healthy	gesund
whole grains	Vollkornprodukte
choose	auswählen
nutrition	Ernährung
crispy	knackig

Solve the puzzle!
Löse das Puzzle!

Puzzle #7

```
M  J  H  V  A  Z  Q  Z  D  F  N  V  A  O  Z  Y
H  X  C  R  T  Q  X  C  S  Y  L  Q  U  V  W  O
L  Q  L  S  A  K  D  H  N  K  E  H  S  I  N  J
C  T  P  I  T  E  B  W  O  S  Z  L  A  Q  U  E
A  X  P  V  Z  R  P  A  E  D  R  Z  E  G  F  D
R  P  B  P  R  N  A  E  N  G  V  B  R  E  A  D
R  D  H  S  G  N  H  W  B  A  B  G  Q  S  B  G
O  O  T  K  G  C  G  I  B  X  N  H  T  M  C  H
T  B  V  K  B  F  H  V  Z  E  E  A  C  F  E  U
S  D  E  O  N  H  O  D  S  W  R  Q  S  Y  R  N
M  M  M  V  G  V  N  K  O  B  I  R  P  S  E  S
A  P  P  L  E  S  L  K  Q  M  Q  J  I  M  A  I
U  F  E  G  P  I  M  K  K  W  D  L  F  E  L  Q
Z  V  L  Z  M  X  Y  Y  O  N  V  P  A  I  S  W
C  C  D  G  B  I  T  F  E  H  V  A  V  F  G  Y
Q  D  F  X  M  M  V  Y  E  P  I  H  Z  G  C  J
```

APPLES	BANANAS
BREAD	CARROTS
CEREAL	CHEESE
MILK	STRAWBERRIES

What do Tom and Lily help their mom with?
Wobei helfen Tom und Lily ihrer Mutter?

____

____

What fruits do they pick out at the store?
Welche Früchte wählen sie im Laden aus?

____

____

What vegetables do they buy for the salad?
Welches Gemüse kaufen sie für den Salat?

____

____

What healthy snack do they choose?
Welchen gesunden Snack wählen sie?

____

____

How do Tom and Lily feel about grocery shopping?
Wie fühlen sich Tom und Lily über das Einkaufen?

____

____

Multiple Choice–Questions
Multiple–Choice–Fragen

What do they add to their shopping list?
Was fügen sie ihrer Einkaufsliste hinzu?

A) Ice cream (*Eiscreme*)
B) Apples and bananas (*Äpfel und Bananen*)
C) Candy (*Süßigkeiten*)

What kind of cheese do they choose?
Welche Käsesorte wählen sie?

A) Cheddar (*Cheddar*)
B) Mozzarella (*Mozzarella*)
C) Swiss (*Schweizer Käse*)

Where do they find the carrots and lettuce?
Wo finden sie die Karotten und den Salat?

A) In the dairy section (*In der Milchabteilung*)
B) In the produce section (*In der Obst- und Gemüseabteilung*)
C) In the snack aisle (*Im Snack-Gang*)

What do they choose as a healthy snack?
Was wählen sie als gesunden Snack?

A) Cookies (*Kekse*)
B) Yogurt (*Joghurt*)
C) Potato chips (*Kartoffelchips*)

A Trip to the Grocery Store

What do Tom and Lily do after grocery shopping?
Was machen Tom und Lily nach dem Einkaufen?

A) Put away the groceries (*Die Lebensmittel wegräumen*) ☐
B) Go to the park (*Zum Park gehen*) ☐
C) Watch TV (*Fernsehen schauen*) ☐

True/False-Questions
Wahr/Falsch-Fragen

Tom and Lily help their mom make a shopping list.
Tom und Lily helfen ihrer Mutter, eine Einkaufsliste zu machen.

True (*Wahr*) ☐
False (*Falsch*) ☐

They buy apples, bananas, and carrots at the store.
Sie kaufen Äpfel, Bananen und Karotten im Laden.

True (*Wahr*) ☐
False (*Falsch*) ☐

Tom and Lily choose ice cream as a healthy snack.
Tom und Lily wählen Eiscreme als gesunden Snack.

True (*Wahr*) ☐
False (*Falsch*) ☐

Their mom lets them pick out a new kind of cheese.
Ihre Mutter lässt sie eine neue Käsesorte auswählen.

True (*Wahr*) ☐
False (*Falsch*) ☐

Tom and Lily think grocery shopping is boring.
Tom und Lily finden Einkaufen langweilig.

True (*Wahr*) ☐
False (*Falsch*) ☐

Did you know / Wusstest du schon?
Warum englische Redewendungen lustig sind?

Englische Redewendungen wie „It's raining cats and dogs!" (Es regnet Katzen und Hunde) klingen im Deutschen ziemlich seltsam. Aber eigentlich meinen sie nur, dass es sehr stark regnet. Solche Redewendungen machen die englische Sprache spannend und oft lustig! Es lohnt sich, einige davon zu lernen, denn sie werden oft im Alltag benutzt und helfen dir, Englisch besser zu verstehen.

BAKING COOKIES

Tom and Lily's Sweet Treat Adventure

It was a rainy afternoon, and Tom and Lily were stuck inside. They had already played with their toys and read some books, but now they were feeling a bit bored.

"How about we **bake** some **cookies**?" their mom suggested. "It's a perfect day for a **sweet treat**."

Tom and Lily's faces lit up. "Yes! That sounds like fun!" Lily said.

"What kind of cookies should we make?" Tom asked.

"We can make chocolate chip cookies," their mom said. "They're easy to make, and they taste **delicious**."

Tom and Lily washed their hands and put on their **aprons**. Their mom got out all the ingredients they would need: **flour, sugar, butter, eggs, vanilla**, and **chocolate chips**.

"First, we need to **mix** the butter and sugar together," their mom explained. She handed Tom a big bowl and a wooden spoon. "You can start by stirring these together."

Tom carefully measured out the sugar and added it to the bowl with the butter. He began to **stir**, but it was harder than he expected. "This is tough!" he said, laughing.

"Keep going," their mom encouraged him. "You're doing great!"

Kekse Backen

Tom und Lilys süßes Abenteuer

Es war ein regnerischer Nachmittag, und Tom und Lily saßen drinnen fest. Sie hatten schon mit ihren Spielsachen gespielt und einige Bücher gelesen, aber jetzt war ihnen ein bisschen langweilig.

„Wie wäre es, wenn wir **Kekse backen**?" schlug ihre Mutter vor. „Es ist der perfekte Tag für eine **süße Leckerei**."

Toms und Lilys Gesichter hellten sich auf. „Ja! Das klingt nach Spaß!" sagte Lily.

„Welche Art von Keksen sollen wir machen?" fragte Tom.

„Wir können Schokoladenkekse machen," sagte ihre Mutter. „Die sind einfach zu machen und schmecken **köstlich**."

Tom und Lily wuschen sich die Hände und zogen ihre **Schürzen** an. Ihre Mutter holte alle Zutaten heraus, die sie brauchen würden: **Mehl, Zucker, Butter, Eier, Vanille** und **Schokoladenstückchen**.

„Zuerst müssen wir die Butter und den Zucker **mischen**," erklärte ihre Mutter. Sie reichte Tom eine große Schüssel und einen Holzlöffel. „Du kannst damit anfangen, diese zusammenzurühren."

Tom maß den Zucker sorgfältig ab und gab ihn zusammen mit der Butter in die Schüssel. Er begann zu **rühren**, aber es war schwieriger, als er erwartet hatte. „Das ist anstrengend!" sagte er lachend.

„Mach weiter," ermutigte ihn seine Mutter. „Du machst das großartig!"

Baking Cookies

Lily helped by cracking the eggs into a separate bowl. "I didn't even get any shell in!" she said proudly.

Next, their mom added the eggs and vanilla to the butter and sugar mixture. "Now it's time to add the flour," she said. "Lily, can you help me with that?"

Lily measured out the flour and slowly poured it into the bowl while Tom continued to **stir**. The **dough** started to come together, and soon it was thick and smooth.

"Time for the best part—adding the chocolate chips!" their mom said with a smile.

Tom and Lily each took turns pouring the chocolate chips into the dough. "I think we need extra chocolate chips," Tom said, sneaking a few into his mouth.

Once the dough was ready, their mom showed them how to **scoop** it onto a **baking sheet**. "Make sure to leave some space between the cookies so they don't stick together," she said.

Tom and Lily carefully placed spoonfuls of dough onto the baking sheet. "These are going to be so good!" Lily said excitedly.

Their mom put the cookies in the **oven**, and soon the kitchen was filled with the delicious smell of baking cookies.

"Can you smell that?" Tom said. "I can't wait to eat them!"

After a few minutes, the cookies were golden brown and ready to come out of the oven. Their mom placed them on a cooling rack, and they all admired their work.

Lily half, indem sie die Eier in eine separate Schüssel schlug. „Ich habe nicht mal eine Schale hineingekriegt!" sagte sie stolz.

Als Nächstes fügte ihre Mutter die **Eier** und die Vanille zur Butter-Zucker-Mischung hinzu. „Jetzt ist es Zeit, das Mehl hinzuzufügen," sagte sie. „Lily, kannst du mir dabei helfen?"

Lily maß das Mehl ab und schüttete es langsam in die Schüssel, während Tom weiter **rührte**. Der **Teig** begann sich zu formen, und bald war er dick und glatt.

„Jetzt kommt der beste Teil—die **Schokoladenstückchen** hinzufügen!" sagte ihre Mutter lächelnd.

Tom und Lily nahmen abwechselnd Schokoladenstückchen und gaben sie in den Teig. „Ich glaube, wir brauchen extra viele Schokoladenstückchen," sagte Tom und schob sich heimlich ein paar in den Mund.

Als der Teig fertig war, zeigte ihre Mutter ihnen, wie man ihn auf ein **Backblech löffelt**. „Achtet darauf, etwas Abstand zwischen den Keksen zu lassen, damit sie nicht zusammenkleben," sagte sie.

Tom und Lily legten vorsichtig Löffelportionen Teig auf das Backblech. „Diese werden so gut!" sagte Lily aufgeregt.

Ihre Mutter schob die Kekse in den **Ofen**, und bald war die Küche von dem köstlichen Geruch frisch gebackener Kekse erfüllt.

„Kannst du das riechen?" sagte Tom. „Ich kann es kaum erwarten, sie zu essen!"

Nach ein paar Minuten waren die Kekse goldbraun und bereit, aus dem Ofen zu kommen. Ihre Mutter legte sie auf ein Abkühlgitter, und alle bewunderten ihre Arbeit.

Baking Cookies

"These look perfect," their mom said. "Great job, you two!"

As the cookies **cooled**, Tom and Lily each got a glass of milk. Finally, the cookies were cool enough to eat.

"Here we go!" Tom said, taking a big bite. "Mmm, these are amazing!"

"Best cookies ever!" Lily agreed, with a mouth full of cookie.

They spent the rest of the afternoon enjoying their homemade cookies and talking about what other treats they could bake next time.

"Maybe we can make a cake or some brownies," Lily suggested.

"That sounds awesome!" Tom said. "I can't wait."

Their mom smiled. "We can definitely do that. Baking together is so much fun, and it's even better when we get to enjoy the treats we make."

As they finished their cookies, Tom and Lily knew that baking would become one of their favorite rainy day activities.

„Die sehen perfekt aus," sagte ihre Mutter. „Tolle Arbeit, ihr zwei!"

Während die Kekse **abkühlten**, holten Tom und Lily sich ein Glas Milch. Endlich waren die Kekse kühl genug, um sie zu essen.

„Los geht's!" sagte Tom und biss in einen großen Keks. „Mmm, die sind unglaublich!"

„Beste Kekse aller Zeiten!" stimmte Lily zu, mit vollem Mund.

Sie verbrachten den Rest des Nachmittags damit, ihre selbstgebackenen Kekse zu genießen und darüber zu reden, welche anderen Leckereien sie beim nächsten Mal backen könnten.

„Vielleicht können wir einen Kuchen oder Brownies machen," schlug Lily vor.

„Das klingt super!" sagte Tom. „Ich kann es kaum erwarten."

Ihre Mutter lächelte. „Das können wir auf jeden Fall machen. Zusammen zu backen macht so viel Spaß, und es ist noch besser, wenn wir die Leckereien genießen können, die wir gemacht haben."

Als sie ihre Kekse aufgegessen hatten, wussten Tom und Lily, dass das Backen eine ihrer Lieblingsaktivitäten an Regentagen werden würde.

Vokabelliste
Vocabulary List

Englisch	Deutsch
cookies	Kekse
butter	Butter
sugar	Zucker
eggs	Eier
vanilla	Vanille
flour	Mehl
chocolate chips	Schokoladenstückchen
baking sheet	Backblech
dough	Teig
mix	mischen
stir	rühren
scoop	löffeln
bake	backen
oven	Ofen
cool	abkühlen
sweet	süß
delicious	köstlich
treat	Leckerei
apron	Schürze

Puzzle #8

E	V	A	N	I	L	L	A	J	Z	E	U	W	A	F	T
H	D	Q	V	X	E	J	P	A	Y	T	Q	O	K	X	V
H	N	Z	Y	T	K	K	Z	F	B	Y	X	U	R	X	L
O	E	Q	C	N	W	S	M	M	H	Z	X	Q	A	H	Z
D	K	F	M	O	O	I	W	U	C	V	J	G	S	N	I
O	U	O	L	C	P	S	P	M	W	M	X	E	D	Y	S
E	V	B	I	O	O	D	U	Y	M	I	Y	X	R	X	H
L	S	S	L	I	U	O	T	G	M	R	R	T	V	K	S
O	C	L	F	Q	J	R	K	V	A	T	T	R	J	D	U
I	H	J	W	D	A	D	X	I	W	R	E	L	Q	O	O
U	P	G	Q	J	B	K	E	Z	E	T	Y	A	W	U	J
B	G	R	D	N	F	I	M	G	T	S	V	M	U	G	L
X	W	H	L	D	E	D	D	U	G	J	T	U	I	H	A
M	Y	O	G	T	M	T	B	P	U	S	B	C	T	A	W
T	N	P	S	G	Q	F	R	K	S	P	Z	E	A	S	C
S	X	R	D	I	S	W	C	N	G	V	M	X	J	Y	D

BUTTER	COOKIES
DOUGH	EGGS
FLOUR	MIX
SUGAR	VANILLA

Questions about the short story
Fragen zur Kurzgeschichte

What do Tom and Lily decide to bake on a rainy day?
Was beschließen Tom und Lily an einem regnerischen Tag zu backen?

____

____

What ingredients do they use to make the cookies?
Welche Zutaten verwenden sie, um die Kekse zu machen?

____

____

Who helps Tom and Lily bake the cookies?
Wer hilft Tom und Lily beim Backen der Kekse?

____

____

What do they do while the cookies are baking?
Was machen sie, während die Kekse backen?

____

____

How do Tom and Lily feel about the cookies they made?
Wie fühlen sich Tom und Lily über die Kekse, die sie gemacht haben?

____

____

Multiple Choice-Questions
Multiple-Choice-Fragen

What kind of cookies do they bake?
Welche Art von Keksen backen sie?

A) Chocolate chip cookies (*Schokoladenkekse*) ☐
B) Oatmeal cookies (*Haferkekse*) ☐
C) Sugar cookies (*Zuckerkekse*) ☐

Who stirs the butter and sugar together?
Wer rührt die Butter und den Zucker zusammen?

A) Lily (*Lily*) ☐
B) Tom (*Tom*) ☐
C) Their mom (*Ihre Mutter*) ☐

What do they add to the dough for extra flavor?
Was fügen sie dem Teig für zusätzlichen Geschmack hinzu?

A) Cinnamon (*Zimt*) ☐
B) Nuts (*Nüsse*) ☐
C) Chocolate chips (*Schokoladenstückchen*) ☐

What do they drink with their cookies?
Was trinken sie zu ihren Keksen?

A) Milk (*Milch*) ☐
B) Juice (*Saft*) ☐
C) Tea (*Tee*) ☐

Baking Cookies

What do they want to bake next time?
Was wollen sie beim nächsten Mal backen?

A) Brownies (*Brownies*) ☐
B) Pies (*Kuchen*) ☐
C) Bread (*Brot*) ☐

True/False-Questions
Wahr/Falsch-Fragen

Tom and Lily bake cookies on a sunny day.
Tom und Lily backen Kekse an einem sonnigen Tag.

True (*Wahr*) ☐
False (*Falsch*) ☐

Lily cracks the eggs into the dough.
Lily schlägt die Eier in den Teig.

True (*Wahr*) ☐
False (*Falsch*) ☐

They add chocolate chips to the dough.
Sie fügen Schokoladenstückchen zum Teig hinzu.

True (*Wahr*) ☐
False (*Falsch*) ☐

The cookies burn in the oven.
Die Kekse verbrennen im Ofen.

True (*Wahr*) ☐
False (*Falsch*) ☐

Tom and Lily enjoy eating the cookies they baked.
Tom und Lily genießen es, die Kekse zu essen, die sie gebacken haben.

True (*Wahr*) ☐
False (*Falsch*) ☐

Did you know / Wusstest du schon?
Englische Namen für Sportarten

Viele Sportarten, die du kennst, haben englische Namen. Zum Beispiel kommen die Wörter „Football" und „Basketball" aus dem Englischen. Auch wenn sie in Deutschland bekannt sind, stammen die Begriffe aus Ländern, in denen Englisch gesprochen wird, wie den USA oder Großbritannien. Wenn du Englisch lernst, verstehst du diese Begriffe noch besser und kannst sie richtig aussprechen!

A VISIT TO THE PET STORE

Tom and Lily's New Friend

Tom and Lily had been asking their parents for a **pet** for a long time. After many discussions, their parents finally agreed that they could get a pet, but it had to be something **small** and easy to take care of.

"Today, we're going to the **pet store** to pick out a new pet," their dad said at breakfast.

Tom and Lily were thrilled. They couldn't wait to see all the different animals at the store.

"What kind of pet do you think we should get?" Lily asked Tom as they got ready to leave.

"I think a **hamster** would be cool," Tom said. "They're small, and we can keep them in a **cage**."

"I like the idea of a hamster too," Lily agreed. "They're cute and fun to watch."

When they arrived at the pet store, they were greeted by a friendly **employee**. "Welcome! Are you looking for a **new pet** today?" she asked.

"Yes, we're thinking about getting a hamster," their dad replied.

"Great choice!" the employee said. "Let me show you where the hamsters are."

Ein Besuch im Tierladen

Tom und Lilys neuer Freund

Tom und Lily hatten ihre Eltern schon lange um ein **Haustier** gebeten. Nach vielen Gesprächen stimmten ihre Eltern schließlich zu, dass sie ein Haustier haben könnten, aber es musste etwas **Kleines** und Pflegeleichtes sein.

„Heute gehen wir in den **Tierladen**, um ein neues Haustier auszusuchen," sagte ihr Vater beim Frühstück.

Tom und Lily waren begeistert. Sie konnten es kaum erwarten, all die verschiedenen Tiere im Laden zu sehen.

„Was für ein Haustier denkst du, sollten wir nehmen?" fragte Lily Tom, als sie sich fertig machten.

„Ich denke, ein **Hamster** wäre cool," sagte Tom. „Sie sind klein, und wir können sie in einem **Käfig** halten."

„Die Idee eines Hamsters gefällt mir auch," stimmte Lily zu. „Sie sind süß und machen Spaß, zuzusehen."

Als sie im Tierladen ankamen, wurden sie von einer freundlichen **Mitarbeiterin** begrüßt. „Willkommen! Sucht ihr heute nach einem **neuen Haustier?**" fragte sie.

„Ja, wir denken darüber nach, einen Hamster zu kaufen," antwortete ihr Vater.

„Tolle Wahl!" sagte die Mitarbeiterin. „Ich zeige euch, wo die Hamster sind."

A Visit to the Pet Store

She led them to a section of the store filled with small **cages**. Inside the cages, they saw several different hamsters running on **wheels**, eating, or sleeping.

"Look at that one!" Tom said, pointing to a small, fluffy hamster with brown and white fur.

"Oh, it's adorable!" Lily said. "Can we get that one?"

The employee smiled. "That's a great choice. This hamster is very **friendly** and loves to **play**."

Their dad nodded. "Let's get him. What do we need to take care of a **hamster?**"

The employee helped them gather everything they needed: a **cage, food, bedding**, a **water bottle**, and a wheel for the hamster to run on.

"Hamsters are pretty easy to take care of," the employee explained. "Just make sure to keep the cage clean, give him fresh **food** and water every day, and let him out to play sometimes."

Tom and Lily listened carefully, making sure they knew exactly what to do.

"What should we name him?" Tom asked as they paid for their new pet.

"How about 'Nibbles'?" Lily suggested. "He looks like he loves to **nibble** on things."

"I love it!" Tom said. "Nibbles it is!"

Sie führte sie zu einem Bereich des Ladens, der mit kleinen **Käfigen** gefüllt war. In den Käfigen sahen sie mehrere verschiedene Hamster, die auf **Rädern** liefen, fraßen oder schliefen.

„Schau dir den an!" sagte Tom und zeigte auf einen kleinen, flauschigen Hamster mit braun-weißem Fell.

„Oh, der ist so niedlich!" sagte Lily. „Können wir den nehmen?"

Die **Mitarbeiterin** lächelte. „Das ist eine großartige Wahl. Dieser Hamster ist sehr **freundlich** und spielt gerne."

Ihr Vater nickte. „Lass uns ihn nehmen. Was brauchen wir, um einen Hamster zu pflegen?"

Die Mitarbeiterin half ihnen, alles zu sammeln, was sie brauchten: einen **Käfig, Futter, Einstreu**, eine **Wasserflasche** und ein **Rad**, auf dem der Hamster laufen konnte.

„Hamster sind ziemlich pflegeleicht," erklärte die Mitarbeiterin. „Achtet einfach darauf, den Käfig sauber zu halten, ihm jeden Tag frisches **Futter** und Wasser zu geben und ihn manchmal zum Spielen herauszulassen."

Tom und Lily hörten aufmerksam zu, um sicherzustellen, dass sie genau wussten, was zu tun war.

„Wie sollen wir ihn nennen?" fragte Tom, als sie für ihr neues Haustier bezahlten.

„Wie wäre es mit 'Nibbles'?" schlug Lily vor. „Er sieht aus, als würde er gerne an Dingen **knabbern**."

„Ich liebe den Namen!" sagte Tom. „Nibbles ist perfekt!"

When they got home, Tom and Lily set up the **cage** in their room. They filled it with **bedding**, added the **food** and water, and placed Nibbles inside. The little hamster immediately started to **explore** his new home.

"Look at him go!" Lily said, watching Nibbles run on his **wheel**.

"He's so much fun to watch," Tom added. "I'm glad we chose a hamster."

Over the next few days, Tom and Lily took turns feeding Nibbles, changing his water, and letting him out to play. They even made a little **obstacle course** for him with tunnels and ramps.

"Nibbles is the best pet ever," Lily said one afternoon as they watched him explore the **obstacle course**.

"Yeah, he's awesome," Tom agreed. "I'm really glad we got him."

Their parents smiled, happy to see Tom and Lily enjoying their new pet and taking good **care** of him.

From that day on, Nibbles became a special part of their family. Tom and Lily loved spending time with him, and they were proud of how **responsible** they had become in taking care of their new **furry** friend.

Als sie nach Hause kamen, richteten Tom und Lily den **Käfig** in ihrem Zimmer ein. Sie füllten ihn mit **Einstreu**, gaben das **Futter** und das Wasser hinein und setzten Nibbles hinein. Der kleine Hamster begann sofort, sein neues Zuhause zu **erkunden**.

„Schau, wie er loslegt!" sagte Lily, während sie Nibbles auf seinem **Rad** laufen sah.

„Er macht so viel Spaß, ihm zuzusehen," fügte Tom hinzu. „Ich bin froh, dass wir uns für einen Hamster entschieden haben."

In den nächsten Tagen wechselten sich Tom und Lily ab, Nibbles zu füttern, sein Wasser zu wechseln und ihn zum Spielen herauszulassen. Sie bauten ihm sogar einen kleinen **Hindernisparcours** mit Tunneln und Rampen.

„Nibbles ist das beste Haustier überhaupt," sagte Lily eines Nachmittags, während sie zusahen, wie er den **Hindernisparcours** erkundete.

„Ja, er ist großartig," stimmte Tom zu. „Ich bin wirklich froh, dass wir ihn haben."

Ihre Eltern lächelten, glücklich darüber, dass Tom und Lily ihr neues Haustier genossen und sich gut um ihn kümmerten.

Von diesem Tag an wurde Nibbles ein besonderer Teil ihrer Familie. Tom und Lily liebten es, Zeit mit ihm zu verbringen, und sie waren stolz darauf, wie **verantwortungsbewusst** sie geworden waren, sich um ihren neuen **pelzigen** Freund zu kümmern.

Vokabelliste
Vocabulary List

Englisch	Deutsch
pet store	Tierladen
hamster	Hamster
cage	Käfig
food	Futter
bedding	Einstreu
water bottle	Wasserflasche
wheel	Rad
employee	Mitarbeiterin
explore	erkunden
obstacle course	Hindernisparcours
furry	pelzig
responsible	verantwortungsbewusst
play	spielen
care	Pflege
friendly	freundlich
new pet	neues Haustier
choose	auswählen
nibble	knabbern
small	klein

Solve the puzzle!
Löse das Puzzle!

Puzzle #9

```
R  V  O  Q  P  Y  G  W  N  H  A  O  O  S  V  O
R  R  V  W  B  B  I  T  R  U  X  C  D  D  O  U
H  S  X  K  J  I  I  H  T  F  M  X  D  L  Y  B
I  R  I  G  O  D  H  K  T  O  M  X  M  B  V  Z
E  E  T  M  P  E  V  H  H  O  L  P  Z  F  G  Q
M  S  P  S  V  P  Q  Z  A  D  D  B  A  N  W  P
P  P  C  S  M  M  D  N  D  J  U  I  I  H  G  R
L  O  E  X  P  L  O  R  E  J  Z  D  T  J  S  N
O  N  K  H  S  Z  Y  Y  V  E  D  F  M  E  G  L
Y  S  W  J  H  O  I  N  H  E  G  U  L  Y  G  M
E  I  B  L  A  T  E  X  B  D  O  E  R  F  F  Z
E  B  Z  R  M  C  D  K  C  I  E  R  G  V  T  V
S  L  V  R  S  M  I  O  I  H  U  M  G  C  X  V
R  E  W  I  T  G  T  W  F  J  C  A  G  E  G
O  W  J  B  E  L  M  R  L  P  K  C  I  A  A  R
N  C  O  Z  R  L  B  J  B  N  Z  M  I  U  T  R
```

BEDDING	CAGE
EMPLOYEE	EXPLORE
FOOD	FURRY
HAMSTER	RESPONSIBLE
WHEEL	

Questions about the short story
Fragen zur Kurzgeschichte ?

What kind of pet do Tom and Lily decide to get?
Welche Art von Haustier beschließen Tom und Lily zu nehmen?

____

____

Where do they go to pick out their new pet?
Wohin gehen sie, um ihr neues Haustier auszusuchen?

____

____

What is the name they choose for their hamster?
Welchen Namen wählen sie für ihren Hamster?

____

____

What do they need to take care of their new pet?
Was brauchen sie, um sich um ihr neues Haustier zu kümmern?

____

____

How do Tom and Lily feel about their new pet?
Wie fühlen sich Tom und Lily über ihr neues Haustier?

____

____

Multiple Choice-Questions
Multiple-Choice-Fragen

What do Tom and Lily choose as a pet?
Was wählen Tom und Lily als Haustier?

A) A dog (*Einen Hund*)
B) A cat (*Eine Katze*)
C) A hamster (*Einen Hamster*)

What does the employee recommend for taking care of the hamster?
Was empfiehlt die Mitarbeiterin, um den Hamster zu pflegen?

A) Keeping the cage clean (*Den Käfig sauber halten*)
B) Taking the hamster for walks (*Den Hamster spazieren führen*)
C) Giving the hamster a bath (*Dem Hamster ein Bad geben*)

What do Tom and Lily name their hamster?
Wie nennen Tom und Lily ihren Hamster?

A) Nibbles (*Nibbles*)
B) Fluffy (*Fluffy*)
C) Speedy (*Speedy*)

What do they build for Nibbles at home?
Was bauen sie zu Hause für Nibbles?

A) A house (*Ein Haus*)
B) An obstacle course (*Einen Hindernisparcours*)
C) A garden (*Einen Garten*)

How do Tom and Lily feel about their new pet?
Wie fühlen sich Tom und Lily über ihr neues Haustier?

A) Happy and excited (*Glücklich und aufgeregt*) ☐
B) Bored and tired (*Gelangweilt und müde*) ☐
C) Scared and nervous (*Ängstlich und nervös*) ☐

True/False–Questions
Wahr/Falsch–Fragen

Tom and Lily go to the pet store to buy a bird.
Tom und Lily gehen in den Tierladen, um einen Vogel zu kaufen.

True (*Wahr*) ☐
False (*Falsch*) ☐

They choose a small, fluffy hamster as their pet.
Sie wählen einen kleinen, flauschigen Hamster als Haustier.

True (*Wahr*) ☐
False (*Falsch*) ☐

Tom and Lily name their hamster Fluffy.
Tom und Lily nennen ihren Hamster Fluffy.

True (*Wahr*) ☐
False (*Falsch*) ☐

The employee helps them pick out everything they need for the hamster.
Die Mitarbeiterin hilft ihnen, alles für den Hamster zu besorgen.

True (*Wahr*)   ☐
False (*Falsch*)   ☐

Tom and Lily build a garden for their hamster at home.
Tom und Lily bauen zu Hause einen Garten für ihren Hamster.

True (*Wahr*)   ☐
False (*Falsch*)   ☐

Did you know / Wusstest du schon?
Warum das Alphabet wichtig ist

Das englische Alphabet besteht aus 26 Buchstaben, genauso wie das deutsche. Es hilft dir, Wörter zu buchstabieren, aber auch beim Sprechen und Verstehen. Viele Spiele und Rätsel basieren auf dem Alphabet, und wenn du es gut kennst, fällt es dir leichter, neue Wörter zu lernen und richtig zu schreiben.

THE CAMPING TRIP

Tom and Lily's Night Under the Stars

Tom and Lily were excited. Their parents had planned a special weekend—a **camping trip** in the nearby **forest**. It was the first time Tom and Lily would sleep in a **tent**, and they couldn't wait for the adventure.

"Let's pack our **backpacks** with everything we need," their mom said. "We'll need **sleeping bags**, **flashlights**, and warm clothes."

Tom and Lily hurried to gather their things. Tom packed his **flashlight** and **sleeping bag**, while Lily made sure to bring some snacks and her favorite book.

When everything was ready, they loaded the car and drove to the **campsite**. The forest was full of tall trees, and the air was fresh and cool.

"This is going to be so much fun!" Tom said as they arrived at the **campsite**.

Their dad showed them how to **pitch the tent**. "First, we need to find a flat spot to pitch the **tent**," he explained. Together, they unfolded the tent and worked together to set it up.

"Look! Our home for the weekend," Lily said, admiring the tent once it was up.

Der Campingausflug

Tom und Lilys Nacht unter den Sternen

Tom und Lily waren aufgeregt. Ihre Eltern hatten ein besonderes Wochenende geplant—einen **Campingausflug** im nahegelegenen **Wald**. Es war das erste Mal, dass Tom und Lily in einem **Zelt** schlafen würden, und sie konnten das Abenteuer kaum erwarten.

„Lasst uns unsere **Rucksäcke** mit allem packen, was wir brauchen," sagte ihre Mutter. „Wir brauchen **Schlafsäcke**, **Taschenlampen** und warme Kleidung."

Tom und Lily beeilten sich, ihre Sachen zu sammeln. Tom packte seine **Taschenlampe** und seinen **Schlafsack** ein, während Lily sicherstellte, dass sie einige Snacks und ihr Lieblingsbuch mitnahm.

Als alles bereit war, luden sie das Auto und fuhren zum **Campingplatz**. Der Wald war voller hoher Bäume, und die Luft war frisch und kühl.

„Das wird so viel Spaß machen!" sagte Tom, als sie am **Campingplatz** ankamen.

Ihr Vater zeigte ihnen, wie man das **Zelt** aufbaut. „Zuerst müssen wir eine ebene Stelle finden, um das **Zelt** aufzuschlagen," erklärte er. Gemeinsam entfalteten sie das Zelt und arbeiteten zusammen, um es aufzustellen.

„Schau! Unser Zuhause für das Wochenende," sagte Lily, als das Zelt fertig war.

The Camping Trip

After the tent was ready, they went on a short **hike** to **explore** the forest. Tom and Lily were amazed by the tall trees and the sounds of birds and insects all around them.

"Look at this cool rock!" Tom said, picking up a smooth, shiny stone from the ground.

"I found some **wildflowers**," Lily said, gathering a small bunch to bring back to the **campsite**.

As the sun began to set, they returned to the **campsite** to prepare dinner. Their dad built a **campfire**, and soon they were roasting **marshmallows** and telling stories around the fire.

"This is my favorite part of camping," Lily said, as she toasted a **marshmallow** until it was golden brown.

"Mine too," Tom agreed. "It's fun to sit by the fire and watch the flames."

After dinner, they all snuggled into their **sleeping bags** inside the **tent**. Tom turned on his **flashlight** to read for a little while before bed.

"Look up," their mom said. "You can see the **stars** through the tent's roof."

Tom and Lily looked up and saw the sky full of **twinkling stars**. "It's beautiful," Lily whispered.

They fell asleep listening to the sounds of the forest—**crickets** chirping, leaves **rustling**, and the gentle crackling of the dying fire.

Nachdem das Zelt fertig war, machten sie eine kurze **Wanderung**, um den Wald zu **erkunden**. Tom und Lily waren beeindruckt von den hohen Bäumen und den Geräuschen der Vögel und Insekten um sie herum.

„Schau dir diesen coolen Stein an!" sagte Tom und hob einen glatten, glänzenden Stein vom Boden auf.

„Ich habe einige **Wildblumen** gefunden," sagte Lily und sammelte einen kleinen Strauß, um ihn mit zum **Campingplatz** zu nehmen.

Als die Sonne unterging, kehrten sie zum **Campingplatz** zurück, um das Abendessen vorzubereiten. Ihr Vater baute ein **Lagerfeuer**, und bald rösteten sie **Marshmallows** und erzählten Geschichten am Feuer.

„Das ist mein Lieblingsteil beim Campen," sagte Lily, während sie ein **Marshmallow** röstete, bis es goldbraun war.

„Meiner auch," stimmte Tom zu. „Es macht Spaß, am Feuer zu sitzen und die Flammen zu beobachten."

Nach dem Abendessen kuschelten sie sich alle in ihre **Schlafsäcke** im **Zelt**. Tom schaltete seine **Taschenlampe** ein, um noch ein wenig vor dem Schlafengehen zu lesen.

„Schaut nach oben," sagte ihre Mutter. „Ihr könnt die **Sterne** durch das Dach des Zeltes sehen."

Tom und Lily schauten nach oben und sahen den Himmel voller **funkelnder Sterne**. „Es ist wunderschön," flüsterte Lily.

Sie schliefen ein, während sie den Geräuschen des Waldes lauschten—**Grillen** zirpten, Blätter **raschelten**, und das sanfte Knistern des sterbenden Feuers war zu hören.

The Camping Trip

The next morning, they woke up early to the sound of birds singing. "Let's go for a walk by the **lake**," their dad suggested.

They hiked to a nearby **lake** where the water was calm and clear. Tom and Lily skipped stones across the surface, trying to see who could get the most skips.

"This is the best camping trip ever," Tom said, watching his stone bounce across the water.

"I wish we could stay longer," Lily added.

When it was time to pack up and head home, Tom and Lily helped take down the tent and load everything into the car.

"Can we go camping again soon?" Tom asked.

"Definitely," their mom said. "We had so much fun, and there are plenty more places to **explore**."

As they drove home, Tom and Lily talked about all the things they had done and seen. They knew that the memories of this **camping trip** would stay with them for a long time.

Am nächsten Morgen wachte sie früh auf, vom Gesang der Vögel geweckt. „Lass uns einen Spaziergang am **See** machen," schlug ihr Vater vor.

Sie wanderten zu einem nahegelegenen **See**, wo das Wasser ruhig und klar war. Tom und Lily warfen Steine über die Oberfläche, um zu sehen, wer die meisten Sprünge schaffen konnte.

„Das ist der beste **Campingausflug** überhaupt," sagte Tom, während er zusah, wie sein Stein über das Wasser sprang.

„Ich wünschte, wir könnten länger bleiben," fügte Lily hinzu.

Als es Zeit war, alles einzupacken und nach Hause zu fahren, halfen Tom und Lily, das **Zelt** abzubauen und alles ins Auto zu laden.

„Können wir bald wieder campen gehen?" fragte Tom.

„Auf jeden Fall," sagte ihre Mutter. „Wir hatten so viel Spaß, und es gibt noch viele Orte zu **erkunden**."

Auf der Heimfahrt sprachen Tom und Lily über all die Dinge, die sie getan und gesehen hatten. Sie wussten, dass die Erinnerungen an diesen **Campingausflug** noch lange bei ihnen bleiben würden.

Vokabelliste
Vocabulary List

Englisch	Deutsch
camping trip	Campingausflug
backpack	Rucksack
sleeping bag	Schlafsack
flashlight	Taschenlampe
tent	Zelt
campfire	Lagerfeuer
hike	Wanderung
marshmallow	Marshmallow
forest	Wald
wildflowers	Wildblumen
stars	Sterne
lake	See
explore	erkunden
pitch (a tent)	(ein Zelt) aufschlagen
camping site	Campingplatz
twinkling	funkelnd
rustling	rascheln
crickets	Grillen
dawn	Morgengrauen

Solve the puzzle!
Löse das Puzzle!

Puzzle #10

```
L  W  T  S  U  V  V  F  D  A  X  J  I  S  I  N
X  M  A  R  S  H  M  A  L  L  O  W  C  L  Z  E
C  I  I  L  E  C  G  Y  H  Z  W  J  T  M  Y  N
U  I  S  O  X  V  G  X  L  B  W  V  J  S  K  B
G  T  E  V  P  P  K  D  H  I  K  E  R  M  Z  T
D  Z  X  G  L  E  L  L  D  N  K  E  Q  B  L  C
X  N  N  L  O  V  F  E  N  C  W  Q  L  S  Q  Y
E  V  Y  A  R  K  R  A  D  O  N  C  P  P  H  L
F  A  F  K  E  I  J  E  L  I  M  F  X  C  E  K
J  Q  Z  E  F  N  D  F  O  A  F  X  U  S  L  Y
I  Y  C  P  D  F  D  L  D  J  S  K  A  K  N  J
Y  L  M  V  U  L  O  E  K  Y  Z  T  R  Y  K  O
X  A  D  N  I  U  V  R  U  J  Q  C  A  S  C  V
C  R  R  W  V  D  O  Q  E  G  K  M  U  R  N  R
C  Z  M  H  B  F  V  T  M  S  Q  P  H  S  S  N
A  Y  K  K  L  U  N  W  S  E  T  U  H  Q  R  C
```

CAMPFIRE	EXPLORE
FOREST	HIKE
LAKE	MARSHMALLOW
STARS	WILDFLOWERS

Questions about the short story
Fragen zur Kurzgeschichte | ?

Where do Tom and Lily go for the weekend?
Wohin gehen Tom und Lily am Wochenende?

____

____

What do they need to pack for the camping trip?
Was müssen sie für den Campingausflug packen?

____

____

What do they do after setting up the tent?
Was machen sie, nachdem das Zelt aufgestellt ist?

____

____

What is Tom's favorite part of the camping trip?
Was ist Toms Lieblingsteil des Campingausflugs?

____

____

How do Tom and Lily feel about the camping trip?
Wie fühlen sich Tom und Lily über den Campingausflug?

____

____

Multiple Choice–Questions
Multiple-Choice-Fragen

What do Tom and Lily do to help set up the tent?
Was machen Tom und Lily, um beim Aufstellen des Zeltes zu helfen?

A) Find a flat spot (*Eine ebene Stelle finden*)
B) Gather firewood (*Feuerholz sammeln*)
C) Cook dinner (*Abendessen kochen*)

What do they eat around the campfire?
Was essen sie am Lagerfeuer?

A) Sandwiches (*Sandwiches*)
B) Marshmallows (*Marshmallows*)
C) Hot dogs (*Hotdogs*)

What do Tom and Lily see when they look up from inside the tent?
Was sehen Tom und Lily, wenn sie aus dem Zelt nach oben schauen?

A) Trees (*Bäume*)
B) Clouds (*Wolken*)
C) Stars (*Sterne*)

What activity do they do the next morning?
Welche Aktivität machen sie am nächsten Morgen?

A) Fishing (*Angeln*)
B) Hiking to a lake (*Wandern zu einem See*)
C) Building a fire (*Ein Feuer machen*)

What do they do with the stones at the lake?
Was machen sie mit den Steinen am See?

A) Build a tower (*Einen Turm bauen*) ☐
B) Skip them across the water (*Über das Wasser hüpfen lassen*) ☐
C) Collect them (*Sie sammeln*) ☐

True/False-Questions
Wahr/Falsch-Fragen

Tom and Lily sleep in a tent during the camping trip.
Tom und Lily schlafen während des Campingausflugs in einem Zelt.

True (*Wahr*) ☐
False (*Falsch*) ☐

They make s'mores around the campfire.
Sie machen S'mores am Lagerfeuer.

True (*Wahr*) ☐
False (*Falsch*) ☐

Tom and Lily find wildflowers during their hike.
Tom und Lily finden während ihrer Wanderung Wildblumen.

True (*Wahr*) ☐
False (*Falsch*) ☐

They can see the stars through the roof of their tent.
Sie können die Sterne durch das Dach ihres Zeltes sehen.

True (*Wahr*) ☐
False (*Falsch*) ☐

The family leaves the campsite in the evening.
Die Familie verlässt den Campingplatz am Abend.

True (*Wahr*) ☐
False (*Falsch*) ☐

Did you know / Wusstest du schon?
Die häufigsten Wörter im Englischen

Einige englische Wörter tauchen in fast jedem Satz auf! Zu den häufigsten gehören „the" (der/die/das), „be" (sein), „and" (und), „you" (du), und „to" (zu). Diese Wörter sind sehr wichtig, weil sie dir helfen, Sätze zu verstehen und zu bauen. Wenn du diese kleinen Wörter gut kennst, kannst du schon viel besser Englisch verstehen!

A DAY AT THE MUSEUM

Tom and Lily Explore History

It was a sunny Saturday, and Tom and Lily's parents had a special day planned for them. They were going to visit the **museum** in the city, a place full of interesting **exhibits** and exciting things to learn.

"We're going to see all kinds of cool stuff today," their dad said as they drove to the museum. "There are **exhibits** on dinosaurs, **ancient Egypt**, and even a section about space."

"I can't wait to see the dinosaurs!" Tom said, his eyes wide with excitement.

"And I want to learn about the **pharaohs**," Lily added. "I read about them in a book at school."

When they arrived at the museum, they were greeted by a large **statue** of a dinosaur outside the entrance. "Wow, that's huge!" Tom exclaimed as they walked up to the doors.

Inside, the museum was even more impressive. There were large rooms filled with **displays**, each one telling a different story from **history**. Tom and Lily grabbed a map from the information desk to help guide them through the **exhibits**.

"Let's start with the dinosaurs," their mom suggested.

Ein Tag im Museum

Tom und Lily erkunden die Geschichte

Es war ein sonniger Samstag, und Toms und Lilys Eltern hatten einen besonderen Tag für sie geplant. Sie wollten das **Museum** in der Stadt besuchen, einen Ort voller interessanter **Ausstellungen** und spannender Dinge, die es zu lernen gab.

„Heute werden wir viele coole Sachen sehen," sagte ihr Vater, während sie zum Museum fuhren. „Es gibt **Ausstellungen** über Dinosaurier, das **alte Ägypten** und sogar einen Bereich über den Weltraum."

„Ich kann es kaum erwarten, die Dinosaurier zu sehen!" sagte Tom, seine Augen weit vor Aufregung.

„Und ich möchte etwas über die **Pharaonen** lernen," fügte Lily hinzu. „Ich habe in der Schule darüber gelesen."

Als sie im Museum ankamen, wurden sie von einer großen **Statue** eines Dinosauriers vor dem Eingang begrüßt. „Wow, das ist riesig!" rief Tom aus, als sie auf die Türen zugingen.

Drinnen war das **Museum** noch beeindruckender. Es gab große Räume voller **Ausstellungen**, jede erzählte eine andere Geschichte aus der **Geschichte**. Tom und Lily schnappten sich eine Karte vom Informationsschalter, um sich durch die **Ausstellungen** zu führen.

„Lass uns mit den Dinosauriern anfangen," schlug ihre Mutter vor.

A Day at the Museum

Tom and Lily ran ahead to the dinosaur exhibit. There, they saw massive **skeletons** of creatures that lived millions of years ago. Tom was fascinated by the **Tyrannosaurus rex** skeleton, which towered over him.

"Did you know that the **T. rex** had teeth as big as bananas?" Tom said, reading from a sign next to the display.

"That's amazing!" Lily said. "But look at this—there's a **fossil** of a dinosaur egg!"

They spent a long time **exploring** the dinosaur exhibit, learning about the different species and how they lived.

Next, they visited the **ancient Egypt** exhibit. Lily was excited to see the **mummies** and **hieroglyphics**. "Look at these symbols," she said, pointing to a wall covered in ancient writing. "These are **hieroglyphics**. They used these to write words."

Tom was intrigued by the **sarcophagus**—a large, decorated coffin that held a mummy. "This is so cool," he said. "It's like something out of an **adventure movie!**"

After exploring Egypt, they moved on to the space exhibit. Here, they learned about the **planets, stars,** and **astronauts** who have traveled to the moon.

"Look at this **space suit!**" Tom said, pointing to a display of an **astronaut's** gear. "Can you imagine walking on the moon?"

"It must be amazing," Lily said. "I'd love to be an astronaut one day."

Tom und Lily rannten voraus zur Dinosaurierausstellung. Dort sahen sie massive **Skelette** von Kreaturen, die vor Millionen von Jahren lebten. Tom war fasziniert von dem **Tyrannosaurus rex**-Skelett, das über ihm aufragte.

„Wusstest du, dass der **T. rex** Zähne so groß wie Bananen hatte?" sagte Tom und las von einem Schild neben der Ausstellung ab.

„Das ist unglaublich!" sagte Lily. „Aber schau mal hier—da ist ein **Fossil** eines Dinosauriereis!"

Sie verbrachten viel Zeit damit, die Dinosaurierausstellung zu **erkunden** und über die verschiedenen Arten und ihr Leben zu lernen.

Als Nächstes besuchten sie die Ausstellung über das **alte Ägypten**. Lily war aufgeregt, die **Mumien** und **Hieroglyphen** zu sehen. „Schau dir diese Symbole an," sagte sie und zeigte auf eine Wand, die mit alter Schrift bedeckt war. „Das sind **Hieroglyphen**. Mit denen haben sie Wörter geschrieben."

Tom war von dem **Sarkophag** fasziniert—einem großen, verzierten Sarg, der eine Mumie enthielt. „Das ist so cool," sagte er. „Es ist wie aus einem **Abenteuerfilm**!"

Nachdem sie Ägypten erkundet hatten, gingen sie weiter zur Weltraumausstellung. Hier lernten sie über die **Planeten**, **Sterne** und **Astronauten**, die zum Mond gereist sind.

„Schau dir diesen **Raumanzug** an!" sagte Tom und zeigte auf eine Ausstellung mit der Ausrüstung eines **Astronauten**. „Kannst du dir vorstellen, auf dem Mond zu laufen?"

„Es muss erstaunlich sein," sagte Lily. „Ich würde eines Tages gerne **Astronautin** werden."

A Day at the Museum

They even got to touch a piece of a **meteorite**—a rock that had fallen to Earth from space. "It feels so smooth," Lily said, running her fingers over it.

As they finished exploring the museum, Tom and Lily felt like they had traveled through time and space. They had seen so many amazing things and learned a lot along the way.

"This was the best day ever," Tom said as they left the museum.

"I agree," Lily said. "We learned so much, and it was so much fun!"

Their parents smiled, happy to see how much Tom and Lily had enjoyed their day at the museum.

"Maybe next weekend we can visit another museum," their mom suggested.

"Yes, please!" Tom and Lily said together, already excited about their next adventure.

Sie durften sogar ein Stück eines **Meteoriten** berühren—einen Stein, der aus dem Weltraum auf die Erde gefallen war. „Er fühlt sich so glatt an," sagte Lily und strich mit den Fingern darüber.

Als sie das Museum verließen, fühlten sich Tom und Lily, als wären sie durch Zeit und Raum gereist. Sie hatten so viele erstaunliche Dinge gesehen und unterwegs viel gelernt.

„Das war der beste Tag überhaupt," sagte Tom, als sie das Museum verließen.

„Da stimme ich zu," sagte Lily. „Wir haben so viel gelernt, und es hat so viel Spaß gemacht!"

Ihre Eltern lächelten, froh zu sehen, wie sehr Tom und Lily ihren Tag im Museum genossen hatten.

„Vielleicht können wir nächstes Wochenende ein anderes Museum besuchen," schlug ihre Mutter vor.

„Ja, bitte!" sagten Tom und Lily zusammen, schon jetzt aufgeregt über ihr nächstes Abenteuer.

Vokabelliste
Vocabulary List

Englisch	Deutsch
museum	Museum
pharaohs	Pharaonen
statue	Statue
skeletons	Skelette
Tyrannosaurus rex	Tyrannosaurus rex
fossil	Fossil
mummies	Mumien
hieroglyphics	Hieroglyphen
sarcophagus	Sarkophag
planets	Planeten
stars	Sterne
astronaut	Astronaut
space suit	Raumanzug
meteorite	Meteorit
exhibit	Ausstellung
adventure movie	Abenteuerfilm
explore	erkunden
display	Ausstellung
history	Geschichte
ancient Egypt	altes Ägypten

Solve the puzzle!
Löse das Puzzle!

Puzzle #11

```
E  Y  C  M  S  P  A  C  E  S  U  I  T  G  Y  R
M  W  J  V  P  T  H  U  T  W  U  E  L  J  S  W
C  X  I  J  D  F  T  I  X  O  T  S  U  C  V  M
Y  H  U  P  M  X  B  N  S  I  U  E  I  L  G  S
W  K  A  E  K  I  P  R  R  G  G  H  R  S  I  M
P  O  A  V  H  H  A  O  A  V  P  U  W  S  T  C
X  Z  A  X  K  T  E  H  Q  Y  P  V  T  K  X  T
D  E  E  O  S  T  P  S  L  I  M  E  Q  H  U  P
N  P  O  N  E  O  E  G  W  G  N  X  I  A  D  R
Y  L  B  M  C  I  O  D  N  A  V  A  N  G  B  P
M  Q  S  R  M  R  L  R  L  Q  I  O  V  S  W  K
U  S  A  M  E  F  W  P  R  S  R  X  V  P  E  K
X  S  U  I  W  O  H  L  G  T  N  H  S  L  Y  J
D  M  H  H  D  S  B  U  S  H  R  S  H  W  O  M
Y  F  Z  B  J  T  V  A  J  O  F  E  O  V  X  O
J  N  B  S  I  O  D  H  L  P  Z  U  P  F  L  J
```

ASTRONAUT	EXHIBIT
HIEROGLYPHICS	METEORITE
MUMMIES	PLANETS
SARCOPHAGUS	SPACE SUIT
STARS	

Questions about the short story
Fragen zur Kurzgeschichte ?

Where do Tom and Lily go with their parents?
Wohin gehen Tom und Lily mit ihren Eltern?

____

____

What is the first exhibit they visit?
Was ist die erste Ausstellung, die sie besuchen?

____

____

What do they learn about in the ancient Egypt exhibit?
Was lernen sie in der Ausstellung über das alte Ägypten?

____

____

What do they see in the space exhibit?
Was sehen sie in der Weltraumausstellung?

____

____

How do Tom and Lily feel about their day at the museum?
Wie fühlen sich Tom und Lily über ihren Tag im Museum?

____

____

Multiple Choice–Questions
Multiple-Choice-Fragen

What is outside the entrance of the museum?
Was steht vor dem Eingang des Museums?

A) A statue of a dinosaur (*Eine Statue eines Dinosauriers*) ☐
B) A fountain (*Ein Brunnen*) ☐
C) A rocket (*Eine Rakete*) ☐

What does Tom read about the T. rex?
Was liest Tom über den T. rex?

A) It was the largest dinosaur (*Er war der größte Dinosaurier*) ☐
B) It had teeth as big as bananas
   (*Er hatte Zähne so groß wie Bananen*) ☐
C) It could fly (*Er konnte fliegen*) ☐

What ancient Egyptian artifact does Lily see?
Welches altägyptische Artefakt sieht Lily?

A) A statue (*Eine Statue*) ☐
B) A sarcophagus (*Einen Sarkophag*) ☐
C) A crown (*Eine Krone*) ☐

What do they touch in the space exhibit?
Was berühren sie in der Weltraumausstellung?

A) A star (*Einen Stern*) ☐
B) A meteorite (*Einen Meteoriten*) ☐
C) A planet (*Einen Planeten*) ☐

A Day at the Museum

What do Tom and Lily want to do next weekend?
Was wollen Tom und Lily nächstes Wochenende machen?

A) Go to another museum (*In ein anderes Museum gehen*) ☐
B) Go to the zoo (*In den Zoo gehen*) ☐
C) Visit the library (*Die Bibliothek besuchen*) ☐

True/False-Questions
Wahr/Falsch-Fragen

Tom and Lily are excited to visit the museum.
Tom und Lily freuen sich auf den Museumsbesuch.

True (*Wahr*) ☐
False (*Falsch*) ☐

They see a real dinosaur at the museum.
Sie sehen einen echten Dinosaurier im Museum.

True (*Wahr*) ☐
False (*Falsch*) ☐

Lily learns about hieroglyphics in the ancient Egypt exhibit.
Lily lernt über Hieroglyphen in der Ausstellung über das alte Ägypten.

True (*Wahr*) ☐
False (*Falsch*) ☐

Tom and Lily see a real astronaut in the space exhibit.
Tom und Lily sehen einen echten Astronauten in der Weltraumausstellung.

True (*Wahr*) ☐
False (*Falsch*) ☐

Tom and Lily want to visit another museum next weekend.
Tom und Lily möchten nächstes Wochenende ein weiteres Museum besuchen.

True (*Wahr*) ☐
False (*Falsch*) ☐

Did you know / Wusstest du schon?
Englische Wörter, die aus dem Deutschen kommen

Wusstest du, dass einige englische Wörter eigentlich aus dem Deutschen stammen? Zum Beispiel das Wort „kindergarten" wird im Englischen genauso verwendet wie im Deutschen. Auch „hamburger" und „rucksack" sind ursprünglich deutsche Wörter, die in die englische Sprache übernommen wurden!

LEARNING TO RIDE A BIKE

Tom and Lily's Two-Wheeled Adventure

It was a bright and sunny afternoon, and Tom and Lily were in the backyard with their dad. Today was a special day—Tom and Lily were going to learn how to ride their new **bikes** without **training wheels**.

"I'm a little **nervous**," Lily admitted as she looked at her bike. "What if I **fall**?"

"It's okay to be nervous," their dad said. "But remember, falling is part of learning. I'll be right here to help you."

Tom was excited but also a bit unsure. "I've been waiting to ride without training wheels, but now it feels a little **scary**."

"You both are ready," their dad encouraged them. "Let's take it one **step at a time**."

First, their dad showed them how to **balance** on the bike. He held the back of the **seat** while Tom and Lily took turns sitting on their bikes, trying to keep them **steady**.

"Keep your eyes forward and look where you want to go," their dad said. "Balance is key."

After a few tries, Tom started to get the hang of it. "I think I'm ready to try **pedaling**," he said.

Radfahren lernen

Tom und Lilys Abenteuer auf zwei Rädern

Es war ein heller und sonniger Nachmittag, und Tom und Lily waren mit ihrem Vater im Garten. Heute war ein besonderer Tag—Tom und Lily würden lernen, wie man ihre neuen **Fahrräder** ohne **Stützräder** fährt.

„Ich bin ein bisschen **nervös**," gab Lily zu, als sie ihr Fahrrad betrachtete. „Was, wenn ich **falle**?"

„Es ist okay, **nervös** zu sein," sagte ihr Vater. „Aber denk daran, **Fallen** gehört zum Lernen dazu. Ich werde die ganze Zeit hier sein, um dir zu helfen."

Tom war aufgeregt, aber auch etwas unsicher. „Ich habe darauf gewartet, ohne Stützräder zu fahren, aber jetzt fühlt es sich ein bisschen **beängstigend** an."

„Ihr seid beide bereit," ermutigte ihr Vater sie. „Lass uns **Schritt für Schritt** vorgehen."

Zuerst zeigte ihr Vater ihnen, wie man auf dem Fahrrad das **Gleichgewicht** hält. Er hielt den hinteren Teil des **Sattels**, während Tom und Lily abwechselnd auf ihren Fahrrädern saßen und versuchten, sie **stabil** zu halten.

„Schau nach vorne und dorthin, wohin du fahren willst," sagte ihr Vater. „Gleichgewicht ist der Schlüssel."

Nach ein paar Versuchen begann Tom, den Dreh rauszukriegen. „Ich glaube, ich bin bereit, zu **treten**," sagte er.

Learning to Ride a Bike

"Great! I'll run beside you," their dad said, giving Tom a little **push**.

Tom wobbled at first, but soon he was pedaling on his own. "I'm doing it! I'm riding!" he shouted with joy.

Lily watched her brother and felt a bit more confident. "I want to try too," she said.

Their dad helped Lily get started. At first, she was a bit shaky, but with her dad's **encouragement**, she soon found her balance. "I'm doing it too!" she laughed, feeling the breeze as she rode.

"Remember to keep pedaling," their dad reminded them. "And if you start to lose balance, just put your feet down."

They spent the next hour **practicing**, with their dad running alongside them, ready to catch them if they needed help.

After a few more tries, Tom was able to ride across the yard without any help. "This is amazing!" he said, feeling **proud** of himself.

Lily was doing well too, though she still needed a bit more practice. "I'm almost there," she said **determinedly**.

"You're both doing fantastic," their dad said. "The more you practice, the easier it will get."

As the **sunset began**, they decided to take a break. "I can't wait to ride my bike again tomorrow," Tom said as he parked his bike in the garage.

„Großartig! Ich laufe neben dir her," sagte ihr Vater und gab Tom einen kleinen **Schubs**.

Tom wackelte zuerst, aber bald trat er selbstständig in die Pedale. „Ich mache es! Ich fahre!" rief er freudig.

Lily sah ihrem Bruder zu und fühlte sich etwas sicherer. „Ich möchte es auch versuchen," sagte sie.

Ihr Vater half Lily, loszufahren. Zuerst war sie ein bisschen wackelig, aber mit der **Ermutigung** ihres Vaters fand sie bald ihr Gleichgewicht. „Ich mache es auch!" lachte sie und spürte den Wind, während sie fuhr.

„Denkt daran, weiterzutreten," erinnerte sie ihr Vater. „Und wenn ihr das Gleichgewicht verliert, setzt einfach eure Füße auf den Boden."

Die nächste Stunde verbrachten sie mit **Üben**, während ihr Vater neben ihnen herlief und bereit war, ihnen zu helfen, wenn sie es brauchten.

Nach ein paar weiteren Versuchen konnte Tom ohne Hilfe über den Hof fahren. „Das ist unglaublich!" sagte er und fühlte sich **stolz**.

Lily machte auch große Fortschritte, obwohl sie noch ein bisschen mehr Übung brauchte. „Ich bin fast da," sagte sie **entschlossen**.

„Ihr macht das beide fantastisch," sagte ihr Vater. „Je mehr ihr übt, desto einfacher wird es."

Als die **Sonne** unterging, beschlossen sie, eine Pause zu machen. „Ich kann es kaum erwarten, morgen wieder mit meinem Fahrrad zu fahren," sagte Tom, als er sein Fahrrad in die Garage stellte.

"Me too," Lily agreed. "I want to get even better."

Their dad smiled, proud of how hard they had worked. "I'm sure you both will be riding like **experts** in no time," he said.

That night, as they went to bed, Tom and Lily couldn't stop talking about their day. They had faced their fears and learned something new, and they were excited to keep practicing until they were expert bike riders.

„Ich auch," stimmte Lily zu. „Ich möchte noch besser werden."

Ihr Vater lächelte, stolz darauf, wie hart sie gearbeitet hatten. „Ich bin sicher, dass ihr beide bald wie **Profis** fahrt," sagte er.

An diesem Abend, als sie ins Bett gingen, konnten Tom und Lily nicht aufhören, über ihren Tag zu reden. Sie hatten ihre Ängste überwunden und etwas Neues gelernt, und sie freuten sich darauf, weiter zu üben, bis sie Experten im Radfahren waren.

Vokabelliste
Vocabulary List

Englisch	Deutsch
bikes	Fahrräder
training wheels	Stützräder
seat	Sattel
balance	Gleichgewicht
pedaling	Treten
practice	Üben
ride	fahren
fall	fallen
step by step	Schritt für Schritt
push	Schubs
steady	stabil
scary	beängstigend
confidence	Selbstvertrauen
nervous	nervös
expert	Experte
sunset	Sonnenuntergang
proud	stolz
encouragement	Ermutigung
determined	entschlossen

Solve the puzzle!
Löse das Puzzle!

Puzzle #12

```
B  Q  B  W  X  X  M  M  C  V  B  P  O  R  U  H
M  M  R  A  H  Q  X  V  T  Z  I  O  F  F  X  V
P  C  Q  H  I  C  X  A  D  I  T  O  G  P  H  I
D  Y  O  L  X  K  E  M  I  P  V  P  N  X  W  H
T  S  Z  P  U  S  H  U  G  P  B  F  C  X  T  K
L  H  B  J  Q  B  B  N  Y  E  I  T  G  U  Z  G
V  A  L  N  H  E  I  D  T  Q  F  V  M  P  Z  U
Q  J  H  J  D  L  A  R  S  Q  L  C  I  X  B  E
P  F  B  I  A  E  E  K  K  H  S  Z  B  M  B  D
Z  X  R  D  T  U  W  U  G  F  I  P  A  G  W  P
T  L  E  S  L  F  G  Q  O  A  B  P  L  F  G  W
E  P  R  U  A  D  C  I  J  L  Z  S  A  X  U  G
H  H  S  O  H  O  Y  D  M  L  G  H  N  O  L  H
F  R  P  P  R  A  C  T  I  C  E  O  C  R  P  G
S  S  O  X  Y  X  J  H  M  R  C  F  E  V  S  G
L  R  T  T  S  H  P  O  M  Q  E  P  M  W  J  R
```

BALANCE	FALL
PEDALING	PRACTICE
PUSH	RIDE
SEAT	STEADY

Questions about the short story
Fragen zur Kurzgeschichte | ?

What are Tom and Lily learning to do?
Was lernen Tom und Lily zu tun?

____

____

How does their dad help them?
Wie hilft ihr Vater ihnen?

____

____

What does Tom do when he feels ready?
Was macht Tom, als er sich bereit fühlt?

____

____

How does Lily feel before she starts riding?
Wie fühlt sich Lily, bevor sie anfängt zu fahren?

____

____

What do Tom and Lily talk about before bed?
Worüber sprechen Tom und Lily vor dem Schlafengehen?

____

____

Multiple Choice-Questions
Multiple-Choice-Fragen

What are Tom and Lily learning to do?
Was lernen Tom und Lily zu tun?

A) Swim (*Schwimmen*) ☐
B) Ride their bikes without training wheels
   (*Ihre Fahrräder ohne Stützräder fahren*) ☐
C) Fly a kite (*Einen Drachen steigen lassen*) ☐

What does their dad tell them to keep their balance?
Was sagt ihr Vater, um ihr Gleichgewicht zu halten?

A) Look down (*Nach unten schauen*) ☐
B) Look forward (*Nach vorne schauen*) ☐
C) Close your eyes (*Augen schließen*) ☐

How does Tom feel after he starts riding?
Wie fühlt sich Tom, nachdem er angefangen hat zu fahren?

A) Proud and excited (*Stolz und aufgeregt*) ☐
B) Scared and nervous (*Angst und nervös*) ☐
C) Bored and tired (*Gelangweilt und müde*) ☐

What does Lily need more of to feel confident?
Wovon braucht Lily mehr, um sich sicher zu fühlen?

A) Encouragement (*Ermutigung*) ☐
B) Rest (*Ruhe*) ☐
C) Food (*Essen*) ☐

What do they plan to do the next day?
Was planen sie für den nächsten Tag?

A) Go swimming (*Schwimmen gehen*)
B) Ride their bikes again (*Wieder Fahrrad fahren*)
C) Watch TV (*Fernsehen schauen*)

True/False-Questions
Wahr/Falsch–Fragen

Tom and Lily learn to ride their bikes without training wheels.
Tom und Lily lernen, ihre Fahrräder ohne Stützräder zu fahren.

True (*Wahr*)
False (*Falsch*)

Their dad holds the front of the bike to help them balance.
Ihr Vater hält die Vorderseite des Fahrrads, um ihnen zu helfen, das Gleichgewicht zu halten.

True (*Wahr*)
False (*Falsch*)

Tom is scared to ride his bike at first.
Tom hat zuerst Angst, sein Fahrrad zu fahren.

True (*Wahr*)
False (*Falsch*)

Lily rides perfectly without any practice.
Lily fährt perfekt, ohne zu üben.

True (*Wahr*) ☐
False (*Falsch*) ☐

Tom and Lily are proud of themselves by the end of the day.
Tom und Lily sind am Ende des Tages stolz auf sich.

True (*Wahr*) ☐
False (*Falsch*) ☐

Did you know / Wusstest du schon?
Viele englische Wörter haben mehrere Bedeutungen

Wusstest du, dass viele englische Wörter verschiedene Bedeutungen haben können? Zum Beispiel kann das Wort „bat" sowohl eine Fledermaus als auch einen Schläger beim Baseball oder Tischtennis bedeuten! Deshalb ist es immer wichtig, den Zusammenhang im Satz zu verstehen, um zu wissen, was genau gemeint ist.

Tom and Lily's Green Thumb Adventure

It was a warm Saturday morning, and Tom and Lily's mom had a special project planned for the day. They were going to help her in the **garden**. Tom and Lily loved spending time outside, so they were excited to learn more about growing **plants**.

"Today, we're going to plant some flowers and **vegetables**," their mom said as she handed them each a pair of **gloves**. "Gardening is a lot of fun, and it's also good for the environment."

Tom and Lily put on their **gloves** and followed their mom to the **garden**. The garden was a small **patch** of **earth** behind their house, with a few raised beds already full of green plants.

"What should we do first?" Tom asked.

"First, we need to prepare the **soil**," their mom explained. "We'll loosen it up with these **trowels**, and then we'll add some **compost** to make it rich and ready for planting."

Tom and Lily each took a **trowel** and started digging into the soil. It was hard work, but they enjoyed feeling the earth under their fingers. "This is like digging for treasure!" Tom said, laughing.

Hilfe im Garten

Tom und Lilys Abenteuer mit dem grünen Daumen

Es war ein warmer Samstagmorgen, und Toms und Lilys Mutter hatte ein besonderes Projekt für den Tag geplant. Sie wollten ihr im **Garten** helfen. Tom und Lily liebten es, Zeit im Freien zu verbringen, und sie freuten sich darauf, mehr über das Anbauen von **Pflanzen** zu lernen.

„Heute werden wir einige Blumen und **Gemüse** pflanzen," sagte ihre Mutter, als sie ihnen jeweils ein Paar **Handschuhe** reichte. „Gartenarbeit macht viel Spaß, und es ist auch gut für die Umwelt."

Tom und Lily zogen ihre **Handschuhe** an und folgten ihrer Mutter in den **Garten**. Der Garten war ein kleines **Stück Erde** hinter ihrem Haus, mit ein paar Hochbeeten, die bereits mit grünen Pflanzen gefüllt waren.

„Was sollen wir zuerst machen?" fragte Tom.

„Zuerst müssen wir den **Boden** vorbereiten," erklärte ihre Mutter. „Wir lockern ihn mit diesen **Handschaufeln** auf und fügen dann etwas **Kompost** hinzu, um ihn nährstoffreich und bereit für das Pflanzen zu machen."

Tom und Lily nahmen jeweils eine **Handschaufel** und begannen, den Boden zu lockern. Es war harte Arbeit, aber sie genossen es, die Erde unter ihren Fingern zu spüren. „Das ist wie nach einem Schatz zu graben!" sagte Tom lachend.

After the soil was ready, their mom showed them how to plant the **seeds**. "We're going to plant some **carrots, tomatoes,** and **sunflowers**," she said. "Make a small hole in the soil, drop in a seed, and then cover it lightly with soil."

Lily carefully planted the **carrot seeds**, while Tom worked on the **tomatoes**. Their mom planted the **sunflower seeds**, showing them how to space the seeds so they would have room to grow.

"Now we need to water the seeds," their mom said, handing them a **watering can**. "But be gentle—too much water can wash the seeds away."

Tom and Lily took turns **watering** the seeds, making sure not to pour too much water. "It's like giving the plants a drink," Lily said.

"Exactly," their mom said. "Plants need water, sunlight, and good soil to **grow** strong and **healthy**."

After they finished planting, their mom showed them how to take care of the garden. "We'll need to water the garden every day and pull out any **weeds** that try to take over," she explained. "We also need to watch for **pests** that might try to eat our plants."

"What are pests?" Tom asked.

"Pests are bugs or animals that can harm the plants," their mom said. "But don't worry, we can handle them if we see any."

Nachdem der Boden bereit war, zeigte ihnen ihre Mutter, wie man die **Samen** pflanzt. „Wir werden **Karotten**, **Tomaten** und **Sonnenblumen** pflanzen," sagte sie. „Macht ein kleines Loch in die Erde, legt einen Samen hinein und deckt ihn dann leicht mit Erde ab."

Lily pflanzte sorgfältig die **Karottensamen**, während Tom an den **Tomaten** arbeitete. Ihre Mutter pflanzte die **Sonnenblumen** und zeigte ihnen, wie man die Samen so platziert, dass sie genügend Platz zum **Wachsen** haben.

„Jetzt müssen wir die Samen **gießen**," sagte ihre Mutter und reichte ihnen eine **Gießkanne**. „Aber seid vorsichtig—zu viel Wasser kann die Samen wegschwemmen."

Tom und Lily gossen abwechselnd die Samen und achteten darauf, nicht zu viel Wasser zu verwenden. „Es ist, als würden wir den Pflanzen etwas zu trinken geben," sagte Lily.

„Genau," sagte ihre Mutter. „Pflanzen brauchen Wasser, Sonnenlicht und gute Erde, um stark und **gesund** zu wachsen."

Nachdem sie mit dem Pflanzen fertig waren, zeigte ihre Mutter ihnen, wie man sich um den Garten kümmert. „Wir müssen den Garten jeden Tag **gießen** und alle **Unkräuter** entfernen, die versuchen, sich auszubreiten," erklärte sie. „Wir müssen auch nach **Schädlingen** Ausschau halten, die versuchen könnten, unsere Pflanzen zu fressen."

„Was sind **Schädlinge**?" fragte Tom.

„Schädlinge sind Insekten oder Tiere, die den Pflanzen schaden können," sagte ihre Mutter. „Aber keine Sorge, wir können damit umgehen, wenn wir welche sehen."

Over the next few weeks, Tom and Lily helped their mom in the garden every day. They watered the plants, pulled **weeds**, and watched as the little green shoots started to **grow**.

"This one is getting so tall!" Lily said one day, pointing to a **sunflower** that was starting to bloom.

"The **tomatoes** are turning red!" Tom said excitedly. "That means they're almost ready to pick!"

Their mom smiled, proud of the work they had done. "You both have done an amazing job," she said. "Soon, we'll be able to enjoy the **vegetables** and flowers you helped grow."

One afternoon, they finally **harvested** their first **vegetables**. Tom and Lily picked ripe **tomatoes** and pulled up fresh **carrots** from the earth. "These are the best **tomatoes** I've ever tasted!" Tom said, biting into a juicy tomato.

"And these **carrots** are so sweet," Lily added, munching on a crunchy carrot.

That evening, they had a special dinner with the **vegetables** they had grown themselves. Tom and Lily felt proud of their hard work in the garden, and they couldn't wait to see what else they could grow next.

In den nächsten Wochen halfen Tom und Lily ihrer Mutter jeden Tag im **Garten**. Sie gossen die Pflanzen, zogen **Unkraut** und beobachteten, wie die kleinen grünen Triebe zu **wachsen** begannen.

„Diese hier wird so groß!" sagte Lily eines Tages und zeigte auf eine **Sonnenblume**, die anfing zu blühen.

„Die **Tomaten** werden rot!" sagte Tom aufgeregt. „Das bedeutet, dass sie fast bereit zum **Ernten** sind!"

Ihre Mutter lächelte, stolz auf die Arbeit, die sie geleistet hatten. „Ihr habt beide eine tolle Arbeit geleistet," sagte sie. „Bald werden wir das **Gemüse** und die Blumen genießen können, die ihr geholfen habt zu pflanzen."

Eines Nachmittags ernteten sie schließlich ihr erstes **Gemüse**. Tom und Lily pflückten reife **Tomaten** und zogen frische **Karotten** aus der **Erde**. „Das sind die besten **Tomaten**, die ich je gegessen habe!" sagte Tom, als er in eine saftige Tomate biss.

„Und diese **Karotten** sind so süß," fügte Lily hinzu und knabberte an einer knackigen Karotte.

An diesem Abend hatten sie ein besonderes Abendessen mit dem **Gemüse**, das sie selbst angebaut hatten. Tom und Lily waren stolz auf ihre harte Arbeit im Garten, und sie konnten es kaum erwarten, zu sehen, was sie als Nächstes anbauen könnten.

Vokabelliste
Vocabulary List

Englisch	Deutsch
garden	Garten
gloves	Handschuhe
trowel	Handschaufel
carrots	Karotten
tomatoes	Tomaten
sunflowers	Sonnenblumen
watering can	Gießkanne
weeds	Unkräuter
compost	Kompost
soil	Boden
harvest	Ernte
plant	pflanzen
grow	wachsen
water	gießen
pests	Schädlinge
healthy	gesund
vegetables	Gemüse
seeds	Samen
patch	Stück Land
earth	Erde

Solve the puzzle!
Löse das Puzzle!

Puzzle #13

```
P  Z  H  V  E  O  F  H  E  G  Z  U  S  H  S  L
E  T  L  T  O  M  A  T  O  E  S  G  Z  S  K  I
M  G  Q  E  J  B  K  T  Q  Q  V  Q  U  U  Z  X
Z  G  A  R  D  E  N  V  W  W  B  R  K  N  R  G
P  U  D  H  I  I  N  Y  H  L  M  T  R  F  Q  P
U  W  E  H  V  E  U  W  E  E  D  S  I  L  I  F
L  Q  Y  Q  I  G  U  W  C  D  A  P  S  O  Z  O
K  V  Q  C  Y  A  O  Z  A  V  A  S  J  W  V  P
Z  X  V  R  F  R  Q  Q  R  F  O  L  X  E  L  I
C  X  Q  M  T  K  I  B  R  V  U  F  K  R  Q  D
P  O  I  W  L  Y  N  J  O  U  N  Z  Y  S  V  W
L  O  M  N  Q  W  G  F  T  Z  U  G  G  H  B  D
T  A  T  P  U  E  A  I  S  B  B  P  O  K  C  Y
B  V  X  Q  O  V  Q  Z  Q  O  W  I  M  T  X  D
Q  R  F  X  I  S  J  Y  U  G  L  O  V  E  S  A
T  O  Q  F  B  Z  T  P  Z  D  X  C  A  Q  X  F
```

CARROTS	COMPOST
GARDEN	GLOVES
SUNFLOWERS	TOMATOES
TROWEL	WEEDS

Questions about the short story
Fragen zur Kurzgeschichte

What do Tom and Lily help their mom with?
Wobei helfen Tom und Lily ihrer Mutter?

____

____

What do they plant in the garden?
Was pflanzen sie im Garten?

____

____

How do they prepare the soil for planting?
Wie bereiten sie den Boden zum Pflanzen vor?

____

____

What do Tom and Lily do to take care of the garden?
Was machen Tom und Lily, um sich um den Garten zu kümmern?

____

____

How do Tom and Lily feel about their first harvest?
Wie fühlen sich Tom und Lily über ihre erste Ernte?

____

____

Multiple Choice-Questions
Multiple-Choice-Fragen

What tools do Tom and Lily use to prepare the soil?
Welche Werkzeuge verwenden Tom und Lily, um den Boden vorzubereiten?

A) Shovels (*Schaufeln*) ☐
B) Trowels (*Handschaufeln*) ☐
C) Rakes (*Rechen*) ☐

What vegetables do they plant?
Welches Gemüse pflanzen sie?

A) Potatoes and corn (*Kartoffeln und Mais*) ☐
B) Lettuce and peppers (*Salat und Paprika*) ☐
C) Carrots and tomatoes (*Karotten und Tomaten*) ☐

How do they water the plants?
Wie gießen sie die Pflanzen?

A) With a watering can (*Mit einer Gießkanne*) ☐
B) With a hose (*Mit einem Schlauch*) ☐
C) With buckets (*Mit Eimern*) ☐

What do they need to remove from the garden to keep it healthy?
Was müssen sie aus dem Garten entfernen, um ihn gesund zu halten?

A) Rocks (*Steine*) ☐
B) Weeds (*Unkräuter*) ☐
C) Leaves (*Blätter*) ☐

What do Tom and Lily do with the vegetables they harvest?
Was machen Tom und Lily mit dem Gemüse, das sie ernten?

A) They sell it (*Sie verkaufen es*)
B) They give it away (*Sie verschenken es*)
C) They eat it (*Sie essen es*)

True/False-Questions
Wahr/Falsch–Fragen

Tom and Lily plant flowers and vegetables in the garden.
Tom und Lily pflanzen Blumen und Gemüse im Garten.

True (*Wahr*)
False (*Falsch*)

They use a watering can to water the seeds.
Sie verwenden eine Gießkanne, um die Samen zu gießen.

True (*Wahr*)
False (*Falsch*)

Tom and Lily's mom shows them how to keep the garden healthy.
Toms und Lilys Mutter zeigt ihnen, wie man den Garten gesund hält.

True (*Wahr*)
False (*Falsch*)

Tom and Lily find pests in the garden.
Tom und Lily finden Schädlinge im Garten.

True (*Wahr*) ☐
False (*Falsch*) ☐

They feel proud after their first harvest.
Sie fühlen sich stolz nach ihrer ersten Ernte.

True (*Wahr*) ☐
False (*Falsch*) ☐

Did you know / Wusstest du schon?
Das längste Wort im Englischen

Wusstest du, dass das längste Wort im englischen Wörterbuch „pneumonoultramicroscopicsilicovolcanoconiosis" ist? Es ist der Name einer Lungenkrankheit, die durch das Einatmen von sehr feinem Silikatstaub verursacht wird. Zum Glück musst du dieses Wort nicht im Alltag verwenden!

THE LEMONADE STAND

Tom and Lily's Summer Business Adventure

It was a hot summer day, and Tom and Lily were feeling bored. They had already played outside, read some books, and even tried drawing, but nothing seemed to keep them entertained for long.

"I have an idea!" Tom suddenly said. "Let's set up a **lemonade stand**!"

"That sounds like fun!" Lily agreed. "We can make our own lemonade and **sell** it to people in the **neighborhood**."

Excited about their new plan, Tom and Lily ran to the kitchen to ask their mom for help. "Can we make lemonade and sell it outside?" Tom asked.

Their mom smiled. "That's a great idea! It's a perfect way to stay busy and learn something new."

She helped them gather all the ingredients they needed: **lemons, sugar**, **water**, and **ice**. "First, we need to squeeze the **lemons** to get the juice," their mom said, showing them how to use the **juicer**.

Tom and Lily took turns squeezing the lemons. "This is harder than it looks!" Tom said, laughing as some juice squirted out.

"But it smells so good," Lily added, enjoying the fresh lemon scent.

Der Limonadenstand

Tom und Lilys Sommergeschäft-Abenteuer

Es war ein heißer Sommertag, und Tom und Lily war langweilig. Sie hatten schon draußen gespielt, einige Bücher gelesen und sogar gezeichnet, aber nichts schien sie lange zu beschäftigen.

„Ich habe eine Idee!" sagte Tom plötzlich. „Lass uns einen **Limonadenstand** aufstellen!"

„Das klingt nach Spaß!" stimmte Lily zu. „Wir können unsere eigene Limonade machen und sie an die Leute in der **Nachbarschaft verkaufen**."

Begeistert von ihrem neuen Plan rannten Tom und Lily in die Küche, um ihre Mutter um Hilfe zu bitten. „Können wir Limonade machen und sie draußen verkaufen?" fragte Tom.

Ihre Mutter lächelte. „Das ist eine großartige Idee! Es ist eine perfekte Möglichkeit, beschäftigt zu bleiben und etwas Neues zu lernen."

Sie half ihnen, alle Zutaten zu sammeln, die sie brauchten: **Zitronen**, **Zucker**, **Wasser** und **Eis**. „Zuerst müssen wir die **Zitronen** auspressen, um den Saft zu bekommen," sagte ihre Mutter und zeigte ihnen, wie man den **Entsafter** benutzt.

Tom und Lily pressten abwechselnd die Zitronen aus. „Das ist schwerer, als es aussieht!" sagte Tom und lachte, als etwas Saft herausspritzte.

„Aber es riecht so gut," fügte Lily hinzu und genoss den frischen Zitronenduft.

The Lemonade Stand

Once they had enough lemon juice, their mom helped them mix it with water and sugar in a big **pitcher**. "Now, let's add some ice to make it nice and cold," she suggested.

Lily added the ice, and soon the lemonade was ready. "It looks delicious!" she said.

Tom and Lily then set up a small table in front of their house. They made a big **sign** that read "Fresh Lemonade – 50 Cents" and placed the pitcher and some cups on the table.

"Now we just need some **customers**," Tom said, as they sat down behind the table.

It wasn't long before their first **customer** arrived. It was their neighbor, Mrs. Johnson. "I'd love a glass of lemonade," she said with a smile. "It's so hot today!"

Tom poured her a glass, and Lily handed it to her. "That'll be 50 cents, please," Lily said politely.

Mrs. Johnson gave them a dollar. "Keep the change," she said. "You two are doing a great job!"

Tom and Lily beamed with pride. "Thank you!" they both said.

Throughout the afternoon, more neighbors stopped by to buy lemonade. Some even brought their kids, who played in the yard while the parents chatted and enjoyed their drinks.

"This is so much fun!" Tom said. "We're making **money** and meeting lots of people."

Nachdem sie genug Zitronensaft hatten, half ihre Mutter ihnen, ihn in einem großen **Krug** mit Wasser und Zucker zu mischen. „Jetzt fügen wir noch etwas Eis hinzu, damit es schön kalt wird," schlug sie vor.

Lily fügte das Eis hinzu, und bald war die Limonade fertig. „Sieht köstlich aus!" sagte sie.

Tom und Lily richteten dann einen kleinen Tisch vor ihrem Haus ein. Sie machten ein großes **Schild**, auf dem „Frische Limonade – 50 Cent" stand, und stellten den Krug und einige Becher auf den Tisch.

„Jetzt brauchen wir nur noch ein paar **Kunden**," sagte Tom, als sie sich hinter den Tisch setzten.

Es dauerte nicht lange, bis ihr erster **Kunde** kam. Es war ihre Nachbarin, Frau Johnson. „Ich hätte gerne ein Glas Limonade," sagte sie lächelnd. „Es ist heute so heiß!"

Tom schenkte ihr ein Glas ein, und Lily reichte es ihr. „Das macht 50 Cent, bitte," sagte Lily höflich.

Frau Johnson gab ihnen einen Dollar. „Behalten Sie das Wechselgeld," sagte sie. „Ihr macht einen großartigen Job!"

Tom und Lily strahlten vor Stolz. „Danke!" sagten sie beide.

Den ganzen Nachmittag über kamen weitere Nachbarn vorbei, um Limonade zu kaufen. Einige brachten sogar ihre Kinder mit, die im Garten spielten, während die Eltern plauderten und ihre Getränke genossen.

„Das macht so viel Spaß!" sagte Tom. „Wir verdienen **Geld** und treffen viele Leute."

The Lemonade Stand

"And our lemonade is really **popular**!" Lily added.

By the end of the day, they had sold all the lemonade. "We made fifteen dollars!" Tom said, counting the **money** they had earned.

"I'm so proud of you both," their mom said. "You worked hard, and you learned how to run a small **business**."

"What should we do with the money?" Lily asked.

"How about we **save** some and use the rest to buy something fun?" Tom suggested.

"That's a great idea," their mom said. "It's important to save, but it's also okay to **treat** yourselves after working hard."

Tom and Lily decided to save ten dollars and use the other five to buy ice cream from the ice cream truck that drove by their house.

As they enjoyed their ice cream, they talked about what they might do next with their new business skills. "Maybe we could sell cookies next time," Tom suggested.

"Or homemade crafts," Lily added.

Whatever they decided, they knew they had discovered a new way to have fun and learn at the same time. The lemonade stand had taught them about **responsibility**, **money**, and the joy of working together.

„Und unsere Limonade ist wirklich **beliebt**!" fügte Lily hinzu.

Am Ende des Tages hatten sie alle Limonade verkauft. „Wir haben fünfzehn Dollar verdient!" sagte Tom, als er das **Geld** zählte, das sie eingenommen hatten.

„Ich bin so stolz auf euch beide," sagte ihre Mutter. „Ihr habt hart gearbeitet und gelernt, wie man ein kleines **Geschäft** führt."

„Was sollen wir mit dem Geld machen?" fragte Lily.

„Wie wäre es, wenn wir etwas **sparen** und den Rest für etwas Lustiges ausgeben?" schlug Tom vor.

„Das ist eine großartige Idee," sagte ihre Mutter. „Es ist wichtig zu sparen, aber es ist auch in Ordnung, sich nach harter Arbeit etwas zu **gönnen**."

Tom und Lily beschlossen, zehn Dollar zu sparen und die anderen fünf zu verwenden, um Eis vom Eiswagen zu kaufen, der an ihrem Haus vorbeifuhr.

Während sie ihr Eis genossen, sprachen sie darüber, was sie als Nächstes mit ihren neuen Geschäftsfähigkeiten machen könnten. „Vielleicht könnten wir beim nächsten Mal Kekse verkaufen," schlug Tom vor.

„Oder selbstgemachte Handarbeiten," fügte Lily hinzu.

Was auch immer sie beschlossen, sie wussten, dass sie eine neue Möglichkeit entdeckt hatten, Spaß zu haben und gleichzeitig zu lernen. Der Limonadenstand hatte ihnen beigebracht, **Verantwortung** zu übernehmen, mit **Geld** umzugehen und die Freude an der Zusammenarbeit zu erleben.

Vokabelliste
Vocabulary List

Englisch	Deutsch
lemonade stand	Limonadenstand
lemons	Zitronen
juicer	Entsafter
sugar	Zucker
water	Wasser
ice	Eis
pitcher	Krug
customer	Kunde
money	Geld
sign	Schild
neighborhood	Nachbarschaft
save	sparen
treat	gönnen
popular	beliebt
price	Preis
sell	verkaufen
buy	kaufen
profit	Gewinn
business	Geschäft
responsibility	Verantwortung

Solve the puzzle!
Löse das Puzzle!

Puzzle #14

```
M  W  V  F  Z  R  F  B  O  Q  G  Y  Q  M  F  L
N  P  R  T  S  T  J  J  A  I  L  G  M  B  H  R
P  O  Z  I  S  W  R  U  C  I  I  O  Y  E  P  B
R  P  I  A  V  Y  C  E  X  H  Y  P  S  P  G  L
G  U  L  R  I  G  Y  E  A  C  L  N  E  M  F  F
V  L  K  O  Z  P  V  R  S  T  Q  C  J  D  B  P
O  A  U  S  L  A  N  H  C  H  I  K  S  T  U  S
X  R  U  D  S  X  N  I  E  R  X  I  L  W  Y  U
N  B  J  E  G  K  A  M  P  G  C  L  X  P  W  R
E  A  U  I  E  L  Y  Y  K  E  E  F  N  T  F  M
D  E  T  S  S  J  H  B  Y  S  X  H  I  Z  J  Q
O  S  U  Q  I  H  Q  E  Q  M  I  P  B  M  O  N
O  Z  B  M  E  N  M  H  P  V  P  R  O  F  I  T
H  A  R  B  W  P  E  Z  H  L  X  D  V  F  O  D
L  R  K  Y  I  X  U  S  N  K  R  Z  N  Q  A  G
W  F  I  H  C  W  T  D  S  N  N  O  Y  R  N  K
```

BUSINESS	BUY
POPULAR	PRICE
PROFIT	SAVE
SELL	TREAT

Questions about the short story
Fragen zur Kurzgeschichte

What do Tom and Lily decide to do on a hot day?
Was beschließen Tom und Lily an einem heißen Tag zu tun?

____

____

How do they make the lemonade?
Wie machen sie die Limonade?

____

____

Who helps Tom and Lily set up the lemonade stand?
Wer hilft Tom und Lily, den Limonadenstand aufzubauen?

____

____

How much do they charge for a glass of lemonade?
Wie viel verlangen sie für ein Glas Limonade?

____

____

What do Tom and Lily decide to do with the money they earn?
Was beschließen Tom und Lily mit dem Geld zu machen, das sie verdienen?

____

____

Multiple Choice-Questions
Multiple-Choice-Fragen

What do Tom and Lily sell at their stand?
Was verkaufen Tom und Lily an ihrem Stand?

A) Ice cream (*Eis*) ☐
B) Lemonade (*Limonade*) ☐
C) Cookies (*Kekse*) ☐

What ingredient do they use to make the lemonade?
Welche Zutat verwenden sie, um die Limonade zu machen?

A) Oranges (*Orangen*) ☐
B) Lemons (*Zitronen*) ☐
C) Apples (*Äpfel*) ☐

How much do they charge for lemonade?
Wie viel verlangen sie für die Limonade?

A) 25 cents (*25 Cent*) ☐
B) 50 cents (*50 Cent*) ☐
C) 1 dollar (*1 Dollar*) ☐

What do they use to mix the lemonade?
Was benutzen sie, um die Limonade zu mischen?

A) A blender (*Einen Mixer*) ☐
B) A pitcher (*Einen Krug*) ☐
C) A pot (*Einen Topf*) ☐

What do they buy with some of the money they earn?
Was kaufen sie mit einem Teil des Geldes, das sie verdienen?

A) Ice cream (*Eiscreme*)
B) A toy (*Ein Spielzeug*)
C) More lemons (*Mehr Zitronen*)

True/False–Questions
Wahr/Falsch–Fragen

Tom and Lily make lemonade to sell in their neighborhood.
Tom und Lily machen Limonade, um sie in ihrer Nachbarschaft zu verkaufen.

True (*Wahr*)
False (*Falsch*)

They use apples to make the lemonade.
Sie verwenden Äpfel, um die Limonade zu machen.

True (*Wahr*)
False (*Falsch*)

Tom and Lily charge 1 dollar for each glass of lemonade.
Tom und Lily verlangen 1 Dollar für jedes Glas Limonade.

True (*Wahr*)
False (*Falsch*)

They save all the money they earn.
Sie sparen das gesamte Geld, das sie verdienen.

True (*Wahr*) ☐
False (*Falsch*) ☐

Tom and Lily plan to sell cookies next time.
Tom und Lily planen, beim nächsten Mal Kekse zu verkaufen.

True (*Wahr*) ☐
False (*Falsch*) ☐

Did you know / Wusstest du schon?
Warum heißt es »cupcake«?

Der Name „cupcake" kommt daher, dass die Zutaten früher oft in Tassen („cups") abgemessen wurden, und die Kuchen so klein waren, dass sie in einer Tasse gebacken werden konnten. Heute werden sie meistens in speziellen Förmchen gebacken, aber der Name „cupcake" ist geblieben!

A DAY AT THE ANIMAL SHELTER

Tom and Lily's Caring Mission

One Saturday morning, Tom and Lily's parents had a surprise for them. "Today, we're going to do something very special," their dad said. "We're going to volunteer at the **animal shelter**."

Tom and Lily were excited. They loved animals and couldn't wait to help take care of them. "What do we get to do?" Lily asked.

"We'll help **feed** the animals, **clean** their **cages**, and spend time with them," their mom explained. "It's important to show **kindness** to animals who need homes."

When they arrived at the **animal shelter**, they were greeted by a friendly worker named Sarah. "Thank you so much for coming to help today," she said. "The animals here will love having some extra **attention**."

Sarah showed them around the shelter. There were rows of **cages** and **kennels** with dogs, cats, and even a few rabbits. Tom and Lily could hear the dogs barking excitedly and the cats meowing softly.

"Let's start by **feeding** the animals," Sarah suggested. She handed Tom and Lily bowls of **dog food** and **cat food**.

Ein Tag im Tierheim

Tom und Lilys mission der Fürsorge

An einem Samstagmorgen hatten Toms und Lilys Eltern eine Überraschung für sie. „Heute werden wir etwas ganz Besonderes machen," sagte ihr Vater. „Wir werden im **Tierheim** helfen."

Tom und Lily waren begeistert. Sie liebten Tiere und konnten es kaum erwarten, ihnen zu helfen. „Was dürfen wir machen?" fragte Lily.

„Wir werden den Tieren **Futter** geben, ihre **Käfige reinigen** und Zeit mit ihnen verbringen," erklärte ihre Mutter. „Es ist wichtig, **Freundlichkeit** gegenüber Tieren zu zeigen, die ein Zuhause brauchen."

Als sie im **Tierheim** ankamen, wurden sie von einer freundlichen Mitarbeiterin namens Sarah begrüßt. „Vielen Dank, dass ihr heute zum Helfen gekommen seid," sagte sie. „Die Tiere hier werden sich über die zusätzliche **Aufmerksamkeit** sehr freuen."

Sarah zeigte ihnen das Tierheim. Es gab Reihen von **Käfigen** und **Zwingern** mit Hunden, Katzen und sogar einigen Kaninchen. Tom und Lily konnten die Hunde aufgeregt bellen und die Katzen leise miauen hören.

„Lasst uns mit dem **Füttern** der Tiere beginnen," schlug Sarah vor. Sie reichte Tom und Lily Schalen mit **Hundefutter** und **Katzenfutter**.

A Day at the Animal Shelter

Tom carefully poured the **dog food** into the bowls for the dogs, who wagged their tails happily. Lily did the same for the cats, who purred as they ate.

"They're so hungry," Tom said as he watched the dogs eat.

"And so cute!" Lily added, gently **petting** a fluffy cat.

After feeding the animals, it was time to **clean** their **cages**. "This is an important job," Sarah explained. "A clean cage makes the animals feel more comfortable."

Tom and Lily each took a small **broom** and **dustpan** and helped sweep out the cages. It was hard work, but they were happy to be helping.

"Thank you for your help," Sarah said. "Now, how about spending some time with the animals?"

Tom and Lily's eyes lit up. They had been looking forward to this part all day.

Lily went to the cat section, where she gently played with a **playful** kitten using a toy mouse. "She's so playful," Lily said, laughing as the kitten chased the toy.

Tom went to the dog section, where he took a small dog named Max out of his kennel for a walk. Max was full of **energy** and loved running around in the yard. "He's really fast!" Tom said, trying to keep up.

Tom füllte sorgfältig die Schalen für die Hunde, die fröhlich mit den Schwänzen wedelten. Lily tat dasselbe für die Katzen, die schnurrten, während sie fraßen.

„Sie sind so hungrig," sagte Tom, während er den Hunden beim Essen zusah.

„Und so süß!" fügte Lily hinzu und **streichelte** sanft eine flauschige Katze.

Nach dem Füttern der Tiere war es Zeit, ihre **Käfige** zu **reinigen**. „Das ist eine wichtige Aufgabe," erklärte Sarah. „Ein sauberer Käfig macht die Tiere komfortabler."

Tom und Lily nahmen jeweils einen kleinen **Besen** und **Kehrblech** und halfen beim Ausfegen der Käfige. Es war harte Arbeit, aber sie waren froh, helfen zu können.

„Danke für eure Hilfe," sagte Sarah. „Wie wäre es jetzt, wenn ihr etwas Zeit mit den Tieren verbringt?"

Tom und Lilys Augen leuchteten auf. Darauf hatten sie sich den ganzen Tag gefreut.

Lily ging zum Katzenbereich, wo sie sanft mit einem **verspielten** Kätzchen spielte und dabei eine Spielmaus benutzte. „Sie ist so verspielt," sagte Lily lachend, als das Kätzchen das Spielzeug jagte.

Tom ging zum Hundebereich, wo er einen kleinen Hund namens Max aus seinem **Zwinger** holte, um mit ihm spazieren zu gehen. Max war voller **Energie** und liebte es, im Hof herumzulaufen. „Er ist wirklich schnell!" sagte Tom, als er versuchte mitzuhalten.

A Day at the Animal Shelter

As the day went on, Tom and Lily spent time with many of the animals. They learned about their different personalities and what they liked. Some of the animals were **shy**, while others were very **friendly**.

"This has been the best day ever," Tom said as they finished up for the day. "I wish we could take all of them home."

"I know," their mom said. "But by helping here, you're making a big **difference** in their lives."

Before they left, Sarah thanked them again. "You've been such a big help today," she said. "The animals really enjoyed spending time with you."

On the way home, Tom and Lily talked about their experience. "Maybe we can come back and volunteer again," Lily suggested.

"I'd love that," Tom agreed. "We could make it a regular thing."

Their parents smiled. "That's a wonderful idea," their dad said. "Helping others, even animals, is one of the best things you can do."

That night, as Tom and Lily went to bed, they felt happy knowing they had made a **difference**. They knew they would return to the shelter soon to help their new animal friends again.

Im Laufe des Tages verbrachten Tom und Lily Zeit mit vielen der Tiere. Sie lernten ihre unterschiedlichen Persönlichkeiten kennen und was sie mochten. Einige der Tiere waren **schüchtern**, während andere sehr **freundlich** waren.

„Das war der beste Tag überhaupt," sagte Tom, als sie den Tag beendeten. „Ich wünschte, wir könnten sie alle mit nach Hause nehmen."

„Ich weiß," sagte ihre Mutter. „Aber indem ihr hier helft, macht ihr einen großen **Unterschied** in ihrem Leben."

Bevor sie gingen, bedankte sich Sarah noch einmal. „Ihr wart heute eine große Hilfe," sagte sie. „Die Tiere haben es wirklich genossen, Zeit mit euch zu verbringen."

Auf dem Heimweg sprachen Tom und Lily über ihre Erfahrungen. „Vielleicht können wir wiederkommen und noch einmal helfen," schlug Lily vor.

„Das würde mir gefallen," stimmte Tom zu. „Wir könnten es zu einer regelmäßigen Sache machen."

Ihre Eltern lächelten. „Das ist eine wunderbare Idee," sagte ihr Vater. „Anderen zu helfen, sogar Tieren, ist eine der besten Sachen, die man tun kann."

An diesem Abend, als Tom und Lily ins Bett gingen, fühlten sie sich glücklich, weil sie wussten, dass sie einen **Unterschied** gemacht hatten. Sie wussten, dass sie bald ins Tierheim zurückkehren würden, um ihren neuen Tierfreunden wieder zu helfen.

Vokabelliste
Vocabulary List

Englisch	Deutsch
animal shelter	Tierheim
cages	Käfige
kennels	Zwinger
dog food	Hundefutter
cat food	Katzenfutter
broom	Besen
dustpan	Kehrblech
volunteer	ehrenamtlich arbeiten
feed	füttern
clean	reinigen
playful	verspielt
petting	streicheln
help	helfen
kindness	Freundlichkeit
attention	Aufmerksamkeit
responsibility	Verantwortung
energy	Energie
friendly	freundlich
shy	schüchtern
difference	Unterschied

Solve the puzzle!
Löse das Puzzle!

Puzzle #15

```
I  V  R  J  R  U  M  I  Y  F  L  A  W  F  E  Q
Y  E  G  A  Y  C  T  O  H  R  E  L  Z  P  N  B
S  F  L  N  J  U  S  V  K  O  M  U  V  M  H  M
P  E  F  W  W  G  J  D  K  E  Q  N  A  Q  H  F
O  N  N  Q  J  D  P  I  L  A  N  Q  A  H  C  A
H  M  A  T  R  P  D  E  K  W  G  G  U  H  E  J
Q  Y  Q  W  L  K  J  N  T  S  L  X  S  D  N  Q
L  C  O  E  P  X  K  E  S  T  O  G  C  G  K  M
H  M  H  Q  D  U  M  R  Y  M  I  V  Y  R  I  L
N  D  C  K  V  F  Y  G  C  Y  S  N  J  B  U  K
E  L  K  L  U  H  L  Y  X  H  I  P  G  J  U  C
H  N  G  T  S  D  I  F  F  E  R  E  N  C  E  H
Q  A  T  T  E  N  T  I  O  N  C  Q  S  P  K  C
J  X  Z  V  P  W  E  X  K  I  N  D  N  E  S  S
J  Z  S  Z  E  C  F  R  I  E  N  D  L  Y  O  Q
V  B  B  I  H  E  J  O  E  D  N  H  M  C  H  D
```

ATTENTION	DIFFERENCE
ENERGY	FRIENDLY
HELP	KINDNESS
PETTING	SHY

Where do Tom and Lily go to help animals?
Wohin gehen Tom und Lily, um Tieren zu helfen?

____

____

What do they do at the animal shelter?
Was machen sie im Tierheim?

____

____

What animals do Tom and Lily feed?
Welche Tiere füttern Tom und Lily?

____

____

What is Lily's favorite part of the day?
Was ist Lilys Lieblingsteil des Tages?

____

____

How do Tom and Lily feel after helping at the shelter?
Wie fühlen sich Tom und Lily, nachdem sie im Tierheim geholfen haben?

____

____

Multiple Choice–Questions
Multiple-Choice-Fragen

What do Tom and Lily do first at the shelter?
Was machen Tom und Lily zuerst im Tierheim?

A) Play with the animals (*Mit den Tieren spielen*)
B) Clean the cages (*Die Käfige reinigen*)
C) Feed the animals (*Die Tiere füttern*)

What do they use to clean the cages?
Was benutzen sie, um die Käfige zu reinigen?

A) A mop (*Einen Wischmopp*)
B) A broom and dustpan (*Einen Besen und ein Kehrblech*)
C) A vacuum (*Einen Staubsauger*)

Which animal does Tom take for a walk?
Welches Tier führt Tom spazieren?

A) A rabbit (*Ein Kaninchen*)
B) A cat (*Eine Katze*)
C) A dog (*Einen Hund*)

How do the animals react to Tom and Lily's help?
Wie reagieren die Tiere auf Toms und Lilys Hilfe?

A) They are happy and excited (*Sie sind glücklich und aufgeregt*)
B) They are scared (*Sie haben Angst*)
C) They ignore them (*Sie ignorieren sie*)

A Day at the Animal Shelter

What do Tom and Lily want to do in the future?
Was wollen Tom und Lily in Zukunft tun?

A) Take more animals home (*Mehr Tiere nach Hause nehmen*) ☐
B) Volunteer at the shelter again
   (*Noch einmal im Tierheim helfen*) ☐
C) Open their own shelter (*Ein eigenes Tierheim eröffnen*) ☐

True/False-Questions
Wahr/Falsch–Fragen

Tom and Lily spend the day at the animal shelter.
Tom und Lily verbringen den Tag im Tierheim.

True (*Wahr*) ☐
False (*Falsch*) ☐

They feed the animals first.
Sie füttern zuerst die Tiere.

True (*Wahr*) ☐
False (*Falsch*) ☐

Tom plays with a kitten at the shelter.
Tom spielt mit einem Kätzchen im Tierheim.

True (*Wahr*) ☐
False (*Falsch*) ☐

Lily takes a dog named Max for a walk.
Lily führt einen Hund namens Max spazieren.

True (*Wahr*) ☐
False (*Falsch*) ☐

Tom and Lily feel happy after helping the animals.
Tom und Lily fühlen sich glücklich, nachdem sie den Tieren geholfen haben.

True (*Wahr*) ☐
False (*Falsch*) ☐

Did you know / Wusstest du schon?
Woher kommt das Wort »sandwich«?

Das Wort „sandwich" geht auf John Montagu, den 4. Earl of Sandwich, zurück. Er liebte es, Fleisch zwischen zwei Brotscheiben zu essen, damit er beim Kartenspielen die Hände frei hatte. So wurde das Sandwich erfunden und nach ihm benannt!

A RAINY DAY ADVENTURE

Tom and Lily's Creative Indoor Fun

One Saturday morning, Tom and Lily woke up to the sound of rain tapping against their bedroom windows. "Looks like we won't be playing outside today," Tom said, peeking through the curtains at the grey sky.

Lily sighed. "I was hoping we could go to the park."

Their mom heard them and came into their room. "Don't worry," she said with a smile. "Just because it's raining doesn't mean we can't have fun. We'll have an indoor **adventure** today!"

Tom and Lily were curious. "What kind of adventure?" Tom asked.

"We're going to turn the living room into a giant **fort**!" their mom announced.

Tom and Lily's eyes lit up. They loved building forts. "Let's do it!" Lily said excitedly.

They all went downstairs and started gathering **blankets, pillows,** and **cushions** from the couches. "We can use these to build the walls," their mom said, draping a large blanket over the backs of two chairs to create the **roof**.

Tom and Lily worked together, stacking **cushions** to make the walls taller. "This is going to be the best fort ever!" Tom said, adjusting a pillow.

Ein verregnetes Abenteuer

Tom und Lilys kreativer Indoor-Spaß

Eines Samstagmorgens wachten Tom und Lily vom Geräusch des Regens auf, der an ihre Schlafzimmerfenster klopfte. „Sieht so aus, als würden wir heute nicht draußen spielen," sagte Tom und schaute durch die Vorhänge auf den grauen Himmel.

Lily seufzte. „Ich hatte gehofft, wir könnten in den Park gehen."

Ihre Mutter hörte sie und kam in ihr Zimmer. „Keine Sorge," sagte sie lächelnd. „Nur weil es regnet, heißt das nicht, dass wir keinen Spaß haben können. Wir werden heute ein Indoor-**Abenteuer** erleben!"

Tom und Lily waren neugierig. „Was für ein Abenteuer?" fragte Tom.

„Wir werden das Wohnzimmer in eine riesige **Burg** verwandeln!" kündigte ihre Mutter an.

Toms und Lilys Augen leuchteten auf. Sie liebten es, Burgen zu bauen. „Lass uns das machen!" sagte Lily aufgeregt.

Alle gingen nach unten und begannen, **Decken**, **Kissen** und **Polster** von den Sofas zu sammeln. „Wir können diese benutzen, um die Wände zu bauen," sagte ihre Mutter und legte eine große Decke über die Rückenlehnen von zwei Stühlen, um das **Dach** zu schaffen.

Tom und Lily arbeiteten zusammen, stapelten **Polster**, um die Wände höher zu machen. „Das wird die beste **Burg** überhaupt!" sagte Tom und richtete ein Kissen.

After a little while, their fort was complete. It was big enough for all three of them to crawl inside. "It's perfect!" Lily said, bringing in some stuffed animals to join them.

"Now that we have our fort, what should we do next?" their mom asked.

Tom had an idea. "Let's tell stories!" he suggested.

"I love that idea," Lily said. "We can make up our own stories."

They all **snuggled** up inside the fort, and their mom started the first story. "Once upon a time, there was a brave knight named Tom and a clever princess named Lily," she began. Tom and Lily listened eagerly as their mom spun a tale about **magical** lands, daring rescues, and hidden **treasures**.

When their mom finished her story, it was Tom's turn. He made up a story about a flying dragon who loved to play hide-and-seek in the clouds. Lily's story was about a group of animals who found a magical forest where the trees could talk.

"Your stories are so **creative**," their mom said. "I think we should write them down and make our own **storybook**."

"That's a great idea!" Lily said. "We can draw pictures to go with the stories."

Nach einer Weile war ihre Burg fertig. Sie war groß genug, dass alle drei hinein kriechen konnten. „Es ist perfekt!" sagte Lily und brachte einige Stofftiere mit hinein.

„Jetzt, wo wir unsere Burg haben, was sollen wir als Nächstes machen?" fragte ihre Mutter.

Tom hatte eine Idee. „Lass uns Geschichten erzählen!" schlug er vor.

„Das ist eine tolle Idee," sagte Lily. „Wir können unsere eigenen Geschichten erfinden."

Sie kuschelten sich alle in die **Burg**, und ihre Mutter begann mit der ersten Geschichte. „Es war einmal ein mutiger Ritter namens Tom und eine kluge Prinzessin namens Lily," begann sie. Tom und Lily hörten gespannt zu, wie ihre Mutter eine Geschichte über **magische** Länder, mutige Rettungen und versteckte **Schätze** erzählte.

Als ihre Mutter ihre Geschichte beendet hatte, war Tom an der Reihe. Er erfand eine Geschichte über einen fliegenden Drachen, der es liebte, Verstecken in den Wolken zu spielen. Lilys Geschichte handelte von einer Gruppe von Tieren, die einen **magischen** Wald fanden, in dem die Bäume sprechen konnten.

„Ihre Geschichten sind so **kreativ**," sagte ihre Mutter. „Ich denke, wir sollten sie aufschreiben und unser eigenes **Märchenbuch** machen."

„Das ist eine großartige Idee!" sagte Lily. „Wir können Bilder zu den Geschichten malen."

After they finished telling stories, they decided to have a **picnic** inside the fort. Their mom brought out a tray with **sandwiches**, fruit, and juice boxes. "A picnic in a fort is even better than one outside," Tom said, taking a bite of his sandwich.

While they ate, they talked about what else they could do on a **rainy day**. "Maybe we could make some **crafts**," Lily suggested.

"How about we bake **cookies**?" Tom added.

"We can do both," their mom said. "First, let's finish our picnic, and then we'll bake some **cookies** together."

After their picnic, they spent the afternoon baking **cookies** and making **crafts**. Tom and Lily decorated their cookies with colorful icing, and their mom helped them cut out shapes from construction paper to make cards.

By the time the rain stopped in the evening, Tom and Lily had forgotten all about their plans to go to the park. They had discovered that even rainy days could be full of fun and **creativity**.

As they got ready for bed, Tom smiled. "Today was the best rainy day ever," he said.

"Yeah, I can't wait for the next rainy day!" Lily agreed.

Their mom kissed them goodnight. "I'm glad you had fun," she said. "Remember, you can always make the most of any day, rain or shine."

Nachdem sie ihre Geschichten erzählt hatten, beschlossen sie, ein **Picknick** in der Burg zu machen. Ihre Mutter brachte ein Tablett mit **Sandwiches**, Obst und Saftboxen. „Ein Picknick in einer **Burg** ist sogar besser als draußen," sagte Tom und biss in sein Sandwich.

Während sie aßen, sprachen sie darüber, was sie sonst noch an einem **Regentag** machen könnten. „Vielleicht könnten wir **basteln**," schlug Lily vor.

„Wie wäre es, wenn wir **Kekse** backen?" fügte Tom hinzu.

„Wir können beides machen," sagte ihre Mutter. „Zuerst beenden wir unser Picknick, und dann backen wir gemeinsam **Kekse**."

Nach ihrem Picknick verbrachten sie den Nachmittag damit, **Kekse** zu backen und zu **basteln**. Tom und Lily dekorierten ihre **Kekse** mit buntem Zuckerguss, und ihre Mutter half ihnen, aus Tonpapier Formen auszuschneiden, um Karten zu basteln.

Als der Regen am Abend aufhörte, hatten Tom und Lily ihre Pläne, in den Park zu gehen, völlig vergessen. Sie hatten entdeckt, dass auch **Regentage** voller Spaß und **Kreativität** sein können.

Als sie sich bettfertig machten, lächelte Tom. „Heute war der beste Regentag überhaupt," sagte er.

„Ja, ich kann es kaum erwarten, bis es wieder regnet!" stimmte Lily zu.

Ihre Mutter gab ihnen einen Gute-Nacht-Kuss. „Ich bin froh, dass ihr Spaß hattet," sagte sie. „Denkt daran, ihr könnt aus jedem Tag das Beste machen, ob Regen oder Sonnenschein."

Vokabelliste
Vocabulary List

Englisch	Deutsch
fort	Burg
blankets	Decken
pillows	Kissen
cushions	Polster
roof	Dach
snuggled	gekuschelt
creative	kreativ
storybook	Märchenbuch
picnic	Picknick
sandwiches	Sandwiches
rainy day	Regentag
adventure	Abenteuer
magical	magisch
crafts	Basteln
baking	Backen
cookies	Kekse
drawing	Zeichnen
treasure	Schatz
playful	verspielt
bored	gelangweilt

Solve the puzzle!
Löse das Puzzle!

Puzzle #16

```
G  R  R  X  J  F  V  L  L  I  D  K  Q  E  I  M
X  R  F  X  E  B  E  T  J  V  T  T  J  C  L  S
J  C  H  T  I  D  O  Q  H  S  V  R  S  A  L  N
O  T  R  E  A  S  U  R  E  U  K  A  C  W  U  U
M  F  A  X  K  K  C  F  P  O  E  I  U  Q  N  H
K  A  R  H  G  L  R  I  D  L  G  R  H  C  F  I
B  J  M  I  B  D  A  A  C  A  A  K  W  M  Z  J
B  T  Z  Y  V  H  F  V  M  O  C  Y  P  L  N  I
O  K  R  D  Y  R  T  H  H  E  O  T  F  I  C  C
R  D  M  B  P  Z  S  X  B  J  K  K  E  U  T  P
E  P  R  Z  A  L  Z  B  W  R  N  K  I  W  L  T
D  H  D  A  V  K  O  H  S  O  Y  E  M  E  N  D
X  M  X  X  W  S  I  H  E  R  T  L  P  Z  S  U
L  L  J  N  I  I  H  N  S  H  F  V  P  N  B  X
A  D  R  H  F  J  N  W  G  X  A  V  P  C  V  H
D  H  H  S  U  Q  S  G  M  R  T  A  Z  K  I  Q
```

BAKING	BORED
COOKIES	CRAFTS
DRAWING	MAGICAL
PLAYFUL	TREASURE

Questions about the short story
Fragen zur Kurzgeschichte

What do Tom and Lily build in the living room?
Was bauen Tom und Lily im Wohnzimmer?

____

____

What do they do inside the fort?
Was machen sie in der Burg?

____

____

What does their mom suggest they do after the picnic?
Was schlägt ihre Mutter vor, nachdem sie das Picknick gemacht haben?

____

____

What kind of stories do Tom and Lily create?
Welche Art von Geschichten erfinden Tom und Lily?

____

____

How do Tom and Lily feel about their rainy day?
Wie fühlen sich Tom und Lily über ihren Regentag?

____

____

Multiple Choice-Questions
Multiple-Choice-Fragen

What is the first thing Tom and Lily do when it starts raining?
Was machen Tom und Lily zuerst, wenn es zu regnen beginnt?

A) Watch TV (*Fernsehen schauen*) ☐
B) Build a fort (*Eine Burg bauen*) ☐
C) Read a book (*Ein Buch lesen*) ☐

What do they use to build the fort?
Was verwenden sie, um die Burg zu bauen?

A) Blankets, pillows, and cushions (*Decken, Kissen und Polster*) ☐
B) Chairs and tables (*Stühle und Tische*) ☐
C) Books and toys (*Bücher und Spielzeug*) ☐

What do they eat during their indoor picnic?
Was essen sie während ihres Picknicks im Haus?

A) Pizza (*Pizza*) ☐
B) Sandwiches (*Sandwiches*) ☐
C) Cookies (*Kekse*) ☐

What do Tom and Lily do after the picnic?
Was machen Tom und Lily nach dem Picknick?

A) Bake cookies and make crafts (*Kekse backen und basteln*) ☐
B) Watch a movie (*Einen Film schauen*) ☐
C) Go to sleep (*Schlafen gehen*) ☐

A Rainy Day Adventure

What is Tom and Lily's favorite part of the day?
Was ist Toms und Lilys Lieblingsteil des Tages?

A) Playing outside (*Draußen spielen*) ☐
B) Building the fort and telling stories
   (*Die Burg bauen und Geschichten erzählen*) ☐
C) Reading books (*Bücher lesen*) ☐

Tom and Lily are disappointed because they can't go outside.
Tom und Lily sind enttäuscht, weil sie nicht nach draußen gehen können.

True (*Wahr*) ☐
False (*Falsch*) ☐

They build a fort in the living room.
Sie bauen eine Burg im Wohnzimmer.

True (*Wahr*) ☐
False (*Falsch*) ☐

Tom tells a story about a flying dragon.
Tom erzählt eine Geschichte über einen fliegenden Drachen.

True (*Wahr*) ☐
False (*Falsch*) ☐

Lily's story is about a group of knights.
Lilys Geschichte handelt von einer Gruppe von Rittern.

True (*Wahr*) ☐
False (*Falsch*) ☐

They end the day by going to the park.
Sie beenden den Tag, indem sie in den Park gehen.

True (*Wahr*) ☐
False (*Falsch*) ☐

Did you know / Wusstest du schon?
Wie viele Sprachen gibt es auf der Welt?

Es gibt über 7.000 verschiedene Sprachen auf der Welt! Die meisten Menschen sprechen jedoch nur eine Handvoll davon. Englisch ist eine der meistgesprochenen Sprachen, die in vielen Ländern als Hauptsprache oder Zweitsprache verwendet wird.

A VISIT TO THE FARMER'S MARKET

Tom and Lily's Fresh Food Adventure

One bright Saturday morning, Tom and Lily's parents had a special plan. "Today, we're going to the **farmer's market**," their mom announced over breakfast. "It's a great place to find fresh **fruits** and **vegetables**, and we can meet some of the people who **grow** our food."

Tom and Lily were excited. They had heard about the **farmer's market**, but they had never been there before. "Can we pick out the **fruits** and **vegetables** ourselves?" Tom asked.

"Of course," their dad replied. "It'll be fun to see all the different kinds of food."

After breakfast, they grabbed their shopping **baskets** and headed to the market. As soon as they arrived, Tom and Lily were amazed by all the colors and smells. There were rows of stalls filled with bright red **tomatoes**, shiny green **peppers**, and big orange **pumpkins**. They could also smell the sweet scent of fresh baked **bread** and pastries.

"Wow, look at all these **vegetables**!" Lily said as they walked past a stall filled with leafy greens and root vegetables.

Their mom stopped at a stall with baskets of **strawberries**. "How about we start with some fresh **strawberries**?" she suggested.

Ein Besuch auf
dem Bauernmarkt

Tom und Lilys frisches Lebensmittel-Abenteuer

Eines sonnigen Samstagmorgens hatten Toms und Lilys Eltern einen besonderen Plan. „Heute gehen wir auf den **Bauernmarkt**," kündigte ihre Mutter beim Frühstück an. „Es ist ein großartiger Ort, um frisches **Obst** und **Gemüse** zu finden, und wir können einige der Menschen treffen, die unser Essen **anbauen**."

Tom und Lily waren begeistert. Sie hatten schon von dem **Bauernmarkt** gehört, aber sie waren noch nie dort gewesen. „Können wir das **Obst** und **Gemüse** selbst aussuchen?" fragte Tom.

„Klar," antwortete ihr Vater. „Es wird Spaß machen, all die verschiedenen Arten von Lebensmitteln zu sehen."

Nach dem Frühstück schnappten sie sich ihre Einkaufs**körbe** und machten sich auf den Weg zum Markt. Sobald sie ankamen, waren Tom und Lily erstaunt über all die Farben und Gerüche. Es gab Reihen von Ständen, die mit leuchtend roten **Tomaten**, glänzend grünen **Paprikas** und großen orangefarbenen **Kürbissen** gefüllt waren. Sie konnten auch den süßen Duft von frisch gebackenem **Brot** und Gebäck riechen.

„Wow, schau dir all dieses **Gemüse** an!" sagte Lily, als sie an einem Stand vorbeigingen, der mit Blattgemüse und Wurzelgemüse gefüllt war.

Ihre Mutter blieb an einem Stand mit Körben voller **Erdbeeren** stehen. „Wie wäre es, wenn wir mit frischen **Erdbeeren** anfangen?" schlug sie vor.

A Visit to the Farmer's Market

"Yes, please!" Tom said, his eyes lighting up. "I love **strawberries**."

The farmer at the stall smiled as he handed them a basket of plump, red **strawberries**. "These were picked just this morning," he said. "They're really sweet."

Tom and Lily each took a **strawberry** and tasted it. "Mmm, it's so good!" Lily said, her mouth full of the juicy fruit.

Next, they visited a stall with freshly baked **bread**. The smell was irresistible. "Can we get a loaf of **bread**, too?" Tom asked.

"Sure," their dad said. "Let's get one that we can use to make **sandwiches** for lunch."

They picked out a loaf of whole grain **bread** and then continued to explore the market. There were so many different kinds of foods to see—colorful **carrots**, big bunches of **kale**, and even jars of homemade **honey**.

"Let's get some **honey** for our tea," their mom said, picking up a jar. "It's made right here by **local** beekeepers."

As they moved through the market, they met more farmers who told them about how they grew their crops. "Everything here is grown without any **chemicals**," one farmer explained. "It's all **natural** and **healthy**."

"That's good to know," Lily said. "I like knowing where our food comes from."

„Ja, bitte!" sagte Tom, seine Augen leuchteten auf. „Ich liebe **Erdbeeren**."

Der Bauer am Stand lächelte, als er ihnen einen Korb mit prallen, roten **Erdbeeren** überreichte. „Diese wurden erst heute Morgen gepflückt," sagte er. „Sie sind wirklich süß."

Tom und Lily nahmen jeweils eine **Erdbeere** und probierten sie. „Mmm, sie ist so gut!" sagte Lily mit vollem Mund.

Als Nächstes besuchten sie einen Stand mit frisch gebackenem **Brot**. Der Geruch war unwiderstehlich. „Können wir auch ein **Brot** kaufen?" fragte Tom.

„Klar," sagte ihr Vater. „Lass uns eins nehmen, das wir für unsere **Sandwiches** zum Mittagessen verwenden können."

Sie suchten sich ein Vollkorn**brot** aus und erkundeten dann weiter den Markt. Es gab so viele verschiedene Arten von Lebensmitteln zu sehen—bunte **Karotten**, große Bündel **Grünkohl** und sogar Gläser mit hausgemachtem **Honig**.

„Lass uns etwas **Honig** für unseren Tee mitnehmen," sagte ihre Mutter und nahm ein Glas. „Er wird hier von **lokalen** Imkern hergestellt."

Während sie den Markt durchstreiften, trafen sie weitere Bauern, die ihnen erzählten, wie sie ihre Ernte anbauen. „Alles hier wird ohne **Chemikalien** angebaut," erklärte ein Bauer. „Es ist alles **natürlich** und **gesund**."

„Das ist gut zu wissen," sagte Lily. „Ich mag es, zu wissen, woher unser Essen kommt."

A Visit to the Farmer's Market

Tom spotted a basket of apples and ran over to pick one up. "Can we get some apples, too?" he asked. "These would be great for a **snack**."

"Good idea," their mom said. "Let's get a few."

By the time they had finished shopping, their bags were full of fresh **fruits** and **vegetables**. "We have enough food to make a **delicious** dinner," their dad said as they headed home.

When they got back home, Tom and Lily helped their parents prepare lunch. They made **sandwiches** with the fresh **bread** and added slices of the juicy **tomatoes** they had bought. For dessert, they had some of the **strawberries** they had picked out at the market.

"This is the best lunch ever," Tom said, taking a big bite of his **sandwich**.

"And it's even better because we picked everything ourselves," Lily added.

Their parents smiled. "I'm glad you enjoyed the market," their mom said. "It's important to know where our food comes from and to support **local** farmers."

"Can we go back next weekend?" Tom asked.

"Definitely," their dad said. "Maybe we can even try **growing** some of our own **vegetables** at home."

Tom and Lily loved that idea. They couldn't wait to visit the **farmer's market** again and maybe even start their own little garden at home.

Tom entdeckte einen Korb mit Äpfeln und rannte hinüber, um einen aufzuheben. „Können wir auch Äpfel kaufen?" fragte er. „Diese wären großartig für einen **Snack**."

„Gute Idee," sagte ihre Mutter. „Lass uns ein paar mitnehmen."

Als sie mit dem Einkaufen fertig waren, waren ihre Taschen voller frischem **Obst** und **Gemüse**. „Wir haben genug Lebensmittel, um ein **köstliches** Abendessen zuzubereiten," sagte ihr Vater, als sie nach Hause gingen.

Zu Hause halfen Tom und Lily ihren Eltern, das Mittagessen zuzubereiten. Sie machten **Sandwiches** mit dem frischen **Brot** und fügten Scheiben der saftigen **Tomaten** hinzu, die sie gekauft hatten. Zum Nachtisch gab es einige der **Erdbeeren**, die sie auf dem Markt ausgesucht hatten.

„Das ist das beste Mittagessen überhaupt," sagte Tom und biss in sein **Sandwich**.

„Und es ist noch besser, weil wir alles selbst ausgesucht haben," fügte Lily hinzu.

Ihre Eltern lächelten. „Ich freue mich, dass euch der Markt gefallen hat," sagte ihre Mutter. „Es ist wichtig, zu wissen, woher unser Essen kommt und die **lokalen** Bauern zu unterstützen."

„Können wir nächstes Wochenende wieder hingehen?" fragte Tom.

„Auf jeden Fall," sagte ihr Vater. „Vielleicht können wir sogar versuchen, selbst ein paar **Gemüse** anzubauen."

Tom und Lily liebten diese Idee. Sie konnten es kaum erwarten, den **Bauernmarkt** wieder zu besuchen und vielleicht sogar ihren eigenen kleinen Garten zu Hause anzulegen.

Vokabelliste
Vocabulary List

Englisch	Deutsch
farmer's market	Bauernmarkt
tomatoes	Tomaten
peppers	Paprikas
pumpkins	Kürbisse
strawberries	Erdbeeren
bread	Brot
sandwiches	Sandwiches
carrots	Karotten
kale	Grünkohl
honey	Honig
snack	Snack
natural	natürlich
chemicals	Chemikalien
baskets	Körbe
fruit	Obst
vegetables	Gemüse
local	lokal
grow	anbauen
healthy	gesund
delicious	köstlich

Solve the puzzle!
Löse das Puzzle!

Puzzle #17

```
B  N  U  Z  V  C  R  C  I  V  W  F  Q  J  N  M
W  J  I  A  V  X  S  E  Y  X  R  L  F  F  V  W
D  L  L  E  A  L  K  H  D  I  U  X  R  R  C  S
Q  L  O  H  J  G  T  D  E  C  G  F  T  R  U  G
K  D  C  D  Y  L  F  P  L  K  J  R  T  M  L  K
O  Z  A  C  A  M  W  N  I  L  B  V  O  P  X  R
G  C  L  E  Q  C  N  E  C  F  S  E  X  W  T  W
B  H  H  I  Z  F  S  Z  I  A  L  G  K  F  J  T
A  E  B  H  F  L  J  Y  O  M  E  E  M  J  X  E
S  M  W  Z  N  B  B  U  U  J  J  T  O  S  L  J
K  I  Q  K  V  J  G  Q  S  Q  Q  A  Z  N  D  N
E  C  X  W  R  M  F  V  A  F  V  B  V  M  S  L
T  A  Q  Y  B  F  I  M  C  A  Q  L  E  Z  V  P
S  L  N  C  A  B  C  V  I  X  U  E  Y  F  T  T
H  S  J  F  R  U  I  T  M  W  Q  S  Q  S  A  Y
X  M  G  L  V  H  L  Q  W  X  E  H  A  O  B  D
```

BASKETS	CHEMICALS
DELICIOUS	FRUIT
GROW	HEALTHY
LOCAL	VEGETABLES

Questions about the short story
Fragen zur Kurzgeschichte

Where do Tom and Lily go with their parents?
Wohin gehen Tom und Lily mit ihren Eltern?

What do they buy first at the farmer's market?
Was kaufen sie zuerst auf dem Bauernmarkt?

What does Tom pick out for a snack?
Was sucht Tom für einen Snack aus?

Why do they like buying food at the farmer's market?
Warum mögen sie es, Lebensmittel auf dem Bauernmarkt zu kaufen?

What do Tom and Lily plan to do at home after their visit?
Was planen Tom und Lily nach ihrem Besuch zu Hause zu tun?

Multiple Choice-Questions
Multiple-Choice-Fragen

What is the first thing they buy at the market?
Was kaufen sie zuerst auf dem Markt?

A) Apples (*Äpfel*)
B) Strawberries (*Erdbeeren*)
C) Bread (*Brot*)

What does the farmer say about the strawberries?
Was sagt der Bauer über die Erdbeeren?

A) They were picked that morning
   (*Sie wurden an diesem Morgen gepflückt*)
B) They are sour (*Sie sind sauer*)
C) They are very small (*Sie sind sehr klein*)

What do Tom and Lily buy to use for sandwiches?
Was kaufen Tom und Lily für Sandwiches?

A) Cheese (*Käse*)
B) Bread (*Brot*)
C) Ham (*Schinken*)

What do they buy to add to their tea?
Was kaufen sie, um es ihrem Tee hinzuzufügen?

A) Honey (*Honig*)
B) Lemon (*Zitrone*)
C) Sugar (*Zucker*)

A Visit to the Farmer's Market

What do Tom and Lily want to do after visiting the market?
Was wollen Tom und Lily nach dem Besuch des Marktes tun?

A) Bake cookies (*Kekse backen*) ☐
B) Plant a garden (*Einen Garten anlegen*) ☐
C) Go swimming (*Schwimmen gehen*) ☐

Tom and Lily have never been to the farmer's market before.
Tom und Lily waren noch nie auf dem Bauernmarkt.

True (*Wahr*) ☐
False (*Falsch*) ☐

They buy fresh vegetables and fruits at the market.
Sie kaufen frisches Gemüse und Obst auf dem Markt.

True (*Wahr*) ☐
False (*Falsch*) ☐

Tom and Lily taste apples at the market.
Tom und Lily probieren Äpfel auf dem Markt.

True (*Wahr*) ☐
False (*Falsch*) ☐

They plan to grow their own vegetables at home.
Sie planen, zu Hause ihr eigenes Gemüse anzubauen.

True (*Wahr*) ☐
False (*Falsch*) ☐

Tom and Lily think the food at the farmer's market is too expensive.
Tom und Lily finden das Essen auf dem Bauernmarkt zu teuer.

True (*Wahr*) ☐
False (*Falsch*) ☐

Did you know / Wusstest du schon?
Warum Englisch wichtig ist?

Englisch ist die offizielle Sprache in 67 Ländern! Es ist eine Weltsprache, die nicht nur in Großbritannien und den USA gesprochen wird, sondern auch in vielen anderen Ländern. Wenn du Englisch lernst, kannst du dich mit Menschen aus der ganzen Welt unterhalten und viele neue Dinge entdecken!

TOM AND LILY'S COOKING CHALLENGE

A Fun Day in the Kitchen

It was a quiet Sunday afternoon, and Tom and Lily were looking for something fun to do. "I have an idea," their mom said with a smile. "How about a cooking **challenge**? You two can team up and make something delicious for the family."

Tom and Lily loved the idea. They had always enjoyed helping their mom in the kitchen, but this time, they would be in charge.

"What should we make?" Lily asked.

"How about something sweet?" Tom suggested. "Maybe **cookies** or a **cake**?"

"Why not both?" their mom said. "You can make **cookies** and a small **cake**. I'll be here to help if you need me, but you'll be the **chefs** today."

Tom and Lily quickly put on their **aprons** and got started. Their mom gave them the **recipes** and all the **ingredients** they needed. "First, let's make the **cookies**," Tom said.

They measured out the **flour**, **sugar**, and **butter**, mixing everything together in a big bowl. "This is fun!" Lily said as she stirred the dough.

"Don't forget the **chocolate chips**," Tom reminded her.

Tom und Lilys Koch-Challenge

Ein spaßiger Tag in der Küche

Es war ein ruhiger Sonntagnachmittag, und Tom und Lily suchten nach etwas Spaß. „Ich habe eine Idee," sagte ihre Mutter mit einem Lächeln. „Wie wäre es mit einer Koch-**Herausforderung**? Ihr zwei könnt zusammenarbeiten und etwas Leckeres für die Familie zubereiten."

Tom und Lily liebten die Idee. Sie hatten immer gerne ihrer Mutter in der Küche geholfen, aber diesmal würden sie das Kommando übernehmen.

„Was sollen wir machen?" fragte Lily.

„Wie wäre es mit etwas Süßem?" schlug Tom vor. „Vielleicht **Kekse** oder einen **Kuchen**?"

„Warum nicht beides?" sagte ihre Mutter. „Ihr könnt **Kekse** und einen kleinen **Kuchen** machen. Ich bin hier, um zu helfen, wenn ihr mich braucht, aber ihr seid heute die **Köche**."

Tom und Lily zogen schnell ihre **Schürzen** an und legten los. Ihre Mutter gab ihnen die **Rezepte** und alle **Zutaten**, die sie brauchten. „Lass uns zuerst die **Kekse** machen," sagte Tom.

Sie maßen das **Mehl**, den **Zucker** und die **Butter** ab und mischten alles in einer großen Schüssel zusammen. „Das macht Spaß!" sagte Lily, während sie den Teig rührte.

„Vergiss nicht die **Schokoladenstückchen**," erinnerte Tom sie.

They added the **chocolate chips** and then scooped the dough onto a **baking sheet**. "These are going to be delicious," Tom said, feeling proud of their work.

While the **cookies** were baking in the **oven**, they started on the **cake**. Lily carefully measured the **flour**, while Tom cracked the eggs into the bowl. "I'll mix the **batter**, and you can grease the cake pan," Lily suggested.

They worked together, taking turns **mixing** and preparing the **cake**. Soon, the **batter** was ready, and they poured it into the pan. "It's ready to go in the **oven**," Tom said.

"Let's check on the **cookies** first," Lily said.

They peeked into the **oven** and saw that the **cookies** were golden brown and smelled amazing. "They look perfect!" Lily said.

Their mom helped them take the **cookies** out of the **oven** and set them on a **cooling rack**. "You did a great job," she said. "Now let's bake the **cake**."

Tom and Lily carefully put the **cake** into the **oven** and set the timer. While they waited for it to bake, they cleaned up the kitchen. "Being a **chef** means you have to clean up, too," Tom said as he wiped down the counter.

When the **cake** was done, their mom helped them take it out of the **oven**. "Now we just need to let it cool before we can **decorate** it," she said.

Sie fügten die **Schokoladenstückchen** hinzu und löffelten dann den Teig auf ein **Backblech**. „Die werden lecker," sagte Tom und war stolz auf ihre Arbeit.

Während die **Kekse** im **Ofen** backten, begannen sie mit dem **Kuchen**. Lily maß vorsichtig das **Mehl** ab, während Tom die Eier in die Schüssel schlug. „Ich rühre den **Teig**, und du kannst die Kuchenform einfetten," schlug Lily vor.

Sie arbeiteten zusammen, wechselten sich beim **Mischen** und Vorbereiten des **Kuchens** ab. Bald war der **Teig** fertig, und sie gossen ihn in die Form. „Er ist bereit für den **Ofen**," sagte Tom.

„Lass uns zuerst die **Kekse** überprüfen," sagte Lily.

Sie warfen einen Blick in den **Ofen** und sahen, dass die **Kekse** goldbraun waren und fantastisch rochen. „Sie sehen perfekt aus!" sagte Lily.

Ihre Mutter half ihnen, die **Kekse** aus dem **Ofen** zu nehmen und auf einem **Kühlgitter** abzustellen. „Ihr habt großartige Arbeit geleistet," sagte sie. „Jetzt backen wir den **Kuchen**."

Tom und Lily stellten den **Kuchen** vorsichtig in den **Ofen** und stellten den Timer ein. Während sie darauf warteten, dass er fertig gebacken war, räumten sie die Küche auf. „Ein **Koch** muss auch sauber machen," sagte Tom, während er die Arbeitsfläche abwischte.

Als der **Kuchen** fertig war, half ihre Mutter ihnen, ihn aus dem **Ofen** zu nehmen. „Jetzt müssen wir ihn nur noch abkühlen lassen, bevor wir ihn **dekorieren** können," sagte sie.

After the **cake** had cooled, Tom and Lily got to work **decorating** it. They spread **frosting** over the top and added **sprinkles** for a finishing touch. "It looks so good!" Tom said, admiring their creation.

Finally, it was time to taste everything they had made. The whole family gathered around the table. Tom and Lily proudly served the **cookies** and **cake**.

"These **cookies** are amazing," their dad said, taking a bite. "And the **cake** is so **moist** and delicious."

Tom and Lily beamed with pride. "I'm so glad you like it," Lily said.

"This was so much fun," Tom added. "Can we do a cooking **challenge** again next weekend?"

"Of course," their mom said. "Maybe next time, you can try making dinner!"

Tom and Lily loved the idea. They knew that cooking together was not only fun, but it also taught them important skills. They couldn't wait to see what they would cook up next time.

Nachdem der **Kuchen** abgekühlt war, machten sich Tom und Lily an die **Dekoration**. Sie verteilten **Zuckerguss** auf der Oberseite und fügten **Streusel** als letzten Schliff hinzu. „Er sieht so gut aus!" sagte Tom und bewunderte ihr Werk.

Endlich war es Zeit, alles zu probieren, was sie gemacht hatten. Die ganze Familie versammelte sich am Tisch. Tom und Lily servierten stolz die **Kekse** und den **Kuchen**.

„Diese **Kekse** sind fantastisch," sagte ihr Vater und biss hinein. „Und der **Kuchen** ist so **saftig** und lecker."

Tom und Lily strahlten vor Stolz. „Ich bin so froh, dass es euch schmeckt," sagte Lily.

„Das hat so viel Spaß gemacht," fügte Tom hinzu. „Können wir nächstes Wochenende wieder eine Koch-**Herausforderung** machen?"

„Klar," sagte ihre Mutter. „Vielleicht könnt ihr beim nächsten Mal das Abendessen machen!"

Tom und Lily liebten die Idee. Sie wussten, dass das gemeinsame Kochen nicht nur Spaß machte, sondern ihnen auch wichtige Fähigkeiten beibrachte. Sie konnten es kaum erwarten zu sehen, was sie beim nächsten Mal zaubern würden.

Vokabelliste
Vocabulary List

Englisch	Deutsch
aprons	Schürzen
cookies	Kekse
cake	Kuchen
flour	Mehl
sugar	Zucker
butter	Butter
chocolate chips	Schokoladenstückchen
baking sheet	Backblech
mixing	Mischen
batter	Teig
frosting	Zuckerguss
sprinkles	Streusel
recipe	Rezept
ingredients	Zutaten
oven	Ofen
cooling rack	Kühlgitter
decorate	dekorieren
moist	saftig
challenge	Herausforderung
chefs	Köche

Solve the puzzle!
Löse das Puzzle!

Puzzle #18

```
I  B  O  O  J  K  X  G  N  M  L  U  L  B  H  L
C  E  L  T  R  G  L  Z  W  W  E  D  G  E  Y  N
D  O  Q  A  U  F  R  N  B  E  G  U  L  I  M  G
S  N  V  G  U  S  P  K  T  C  J  S  C  U  G  G
H  R  M  W  N  S  T  A  I  G  X  P  H  I  F  P
B  V  P  U  F  I  R  I  I  V  I  R  A  N  K  H
A  H  M  E  P  O  O  V  E  N  U  I  L  G  D  S
M  R  H  T  C  J  W  E  W  O  D  N  L  R  K  D
O  C  P  E  W  T  T  T  B  G  K  K  E  E  Z  W
I  Z  D  R  V  Y  X  Y  S  X  E  L  N  D  A  P
S  D  C  Z  Q  A  A  V  R  P  I  E  G  I  K  Y
T  V  M  K  T  N  C  G  I  F  N  S  E  E  K  M
U  U  J  G  U  K  L  C  P  E  S  Z  R  N  G  I
Z  J  R  G  S  T  E  V  I  S  F  G  Q  T  O  V
K  H  Y  R  J  R  Q  U  O  A  O  N  Y  S  R  A
S  C  G  K  X  L  H  L  S  S  N  F  Q  M  M  M
```

CHALLENGE	CHEFS
DECORATE	INGREDIENTS
MOIST	OVEN
RECIPE	SPRINKLES

Questions about the short story
Fragen zur Kurzgeschichte

What do Tom and Lily decide to do on a quiet afternoon?
Was beschließen Tom und Lily an einem ruhigen Nachmittag zu tun?

____

____

What do they make first in the kitchen?
Was machen sie zuerst in der Küche?

____

____

How do Tom and Lily decorate the cake?
Wie dekorieren Tom und Lily den Kuchen?

____

____

What does their dad say about the cookies?
Was sagt ihr Vater über die Kekse?

____

____

What do Tom and Lily want to do next weekend?
Was möchten Tom und Lily nächstes Wochenende machen?

____

____

Multiple Choice–Questions
Multiple–Choice–Fragen

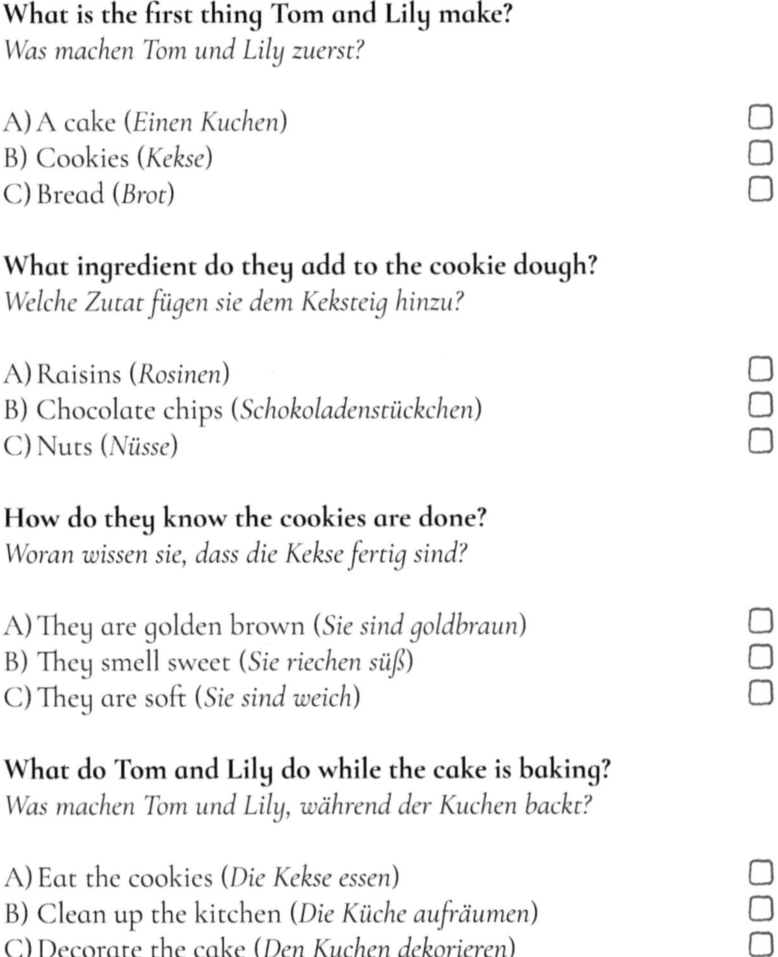

What is the first thing Tom and Lily make?
Was machen Tom und Lily zuerst?

A) A cake (*Einen Kuchen*)
B) Cookies (*Kekse*)
C) Bread (*Brot*)

What ingredient do they add to the cookie dough?
Welche Zutat fügen sie dem Keksteig hinzu?

A) Raisins (*Rosinen*)
B) Chocolate chips (*Schokoladenstückchen*)
C) Nuts (*Nüsse*)

How do they know the cookies are done?
Woran wissen sie, dass die Kekse fertig sind?

A) They are golden brown (*Sie sind goldbraun*)
B) They smell sweet (*Sie riechen süß*)
C) They are soft (*Sie sind weich*)

What do Tom and Lily do while the cake is baking?
Was machen Tom und Lily, während der Kuchen backt?

A) Eat the cookies (*Die Kekse essen*)
B) Clean up the kitchen (*Die Küche aufräumen*)
C) Decorate the cake (*Den Kuchen dekorieren*)

What do they want to cook next time?
Was wollen sie beim nächsten Mal kochen?

A) Breakfast (*Frühstück*)

B) Dinner (*Abendessen*)

C) More cookies (*Mehr Kekse*)

True/False-Questions
Wahr/Falsch-Fragen

Tom and Lily are the chefs in the kitchen.
Tom und Lily sind die Köche in der Küche.

True (*Wahr*)
False (*Falsch*)

They bake a pie and cookies.
Sie backen einen Kuchen und Kekse.

True (*Wahr*)
False (*Falsch*)

Lily suggests adding sprinkles to the cake.
Lily schlägt vor, Streusel auf den Kuchen zu streuen.

True (*Wahr*)
False (*Falsch*)

Tom decorates the cookies with frosting.
Tom dekoriert die Kekse mit Zuckerguss.

True (*Wahr*) ☐
False (*Falsch*) ☐

Their dad thinks the cookies taste great.
Ihr Vater findet die Kekse schmecken großartig.

True (*Wahr*) ☐
False (*Falsch*) ☐

Did you know / Wusstest du schon?
Englische Wörter im Deutschen

Wusstest du, dass du schon viele englische Wörter kennst, ohne es zu wissen? Wörter wie **Computer**, **Sandwich** oder **Handy** kommen aus dem Englischen und werden auch im Deutschen ganz selbstverständlich benutzt!

TOM AND LILY'S CHARITY GARAGE SALE

A Day of Giving Back

One Saturday morning, Tom and Lily were playing in the backyard when their mom called them inside. "I have a special project for us today," she said. "We're going to have a **garage sale**."

"A **garage sale**?" Tom asked, curious. "What are we selling?"

"We're going to go through our old **toys**, **clothes**, and other things we don't use anymore," their mom explained. "Then, we'll **sell** them, and the money we make will go to **charity**."

"That sounds like a great idea!" Lily said. "We have so many things we don't need anymore."

Tom nodded. "And we can **help** people who need it."

They spent the morning going through their rooms, picking out **toys** they had outgrown, **clothes** that didn't fit anymore, and **books** they had already read. "I remember playing with this car," Tom said as he held up an old toy car. "But I haven't played with it in a long time."

"Maybe another kid would like it," Lily suggested as she added a stuffed animal to the pile. "This was one of my favorites, but I think it's time for someone else to enjoy it."

Tom und Lilys Wohltätigkeitsflohmarkt

Ein Tag des Gebens

Eines Samstagmorgens spielten Tom und Lily im Garten, als ihre Mutter sie ins Haus rief. „Ich habe heute ein besonderes Projekt für uns," sagte sie. „Wir machen einen **Flohmarkt**."

„Einen **Flohmarkt**?" fragte Tom neugierig. „Was verkaufen wir?"

„Wir werden unsere alten **Spielzeuge**, **Kleidung** und andere Dinge durchgehen, die wir nicht mehr benutzen," erklärte ihre Mutter. „Dann verkaufen wir sie, und das Geld **spenden** wir für **wohltätige** Zwecke."

„Das klingt nach einer großartigen Idee!" sagte Lily. „Wir haben so viele Dinge, die wir nicht mehr brauchen."

Tom nickte. „Und wir können Menschen **helfen**, die es brauchen."

Sie verbrachten den Vormittag damit, ihre Zimmer zu durchsuchen und **Spielzeuge** auszuwählen, aus denen sie herausgewachsen waren, **Kleidung**, die nicht mehr passte, und **Bücher**, die sie bereits gelesen hatten. „Ich erinnere mich, wie ich mit diesem Auto gespielt habe," sagte Tom, als er ein altes Spielzeugauto in die Hand nahm. „Aber ich habe schon lange nicht mehr damit gespielt."

„Vielleicht würde sich ein anderes Kind darüber freuen," schlug Lily vor, während sie ein Stofftier auf den Stapel legte. „Das war eines meiner Lieblingsstücke, aber ich denke, es ist Zeit, dass es jemand anderes genießt."

After gathering everything they wanted to **sell**, they helped their mom set up tables in the driveway. They arranged the **toys, clothes,** and **books** neatly on the tables and made signs with prices. "**Garage Sale** – All **Proceeds** Go to **Charity**," one sign read.

Their dad brought out some **lemonade** and **snacks** to **sell** as well. "People always get thirsty when they're shopping," he said with a smile.

Soon, neighbors and people from around the **community** started arriving. Tom and Lily greeted them with smiles and told them about the **charity** they were supporting. "We're raising money to **help kids** who don't have enough food," Tom explained.

"That's a wonderful **cause**," one **neighbor** said as she bought a **book**. "I'm happy to **support** it."

Lily was excited to see people buying their old things. "It's nice to know that these **toys** will be loved by someone else," she said as a little boy picked out a toy truck.

As the day went on, more and more people stopped by the **garage sale**. Some people **donated** extra money to the **cause**, while others bought **snacks** and **lemonade**. Tom and Lily were busy but happy as they **helped** people find what they needed.

By the end of the day, they had **sold** almost everything. "We made a lot of money!" Tom said as they counted the money they had earned.

Nachdem sie alles gesammelt hatten, was sie **verkaufen** wollten, halfen sie ihrer Mutter, Tische in der Einfahrt aufzustellen. Sie ordneten die **Spielzeuge**, **Kleidung** und **Bücher** ordentlich auf den Tischen an und machten Schilder mit Preisen. „**Flohmarkt** – Alle **Einnahmen** gehen an **wohltätige** Zwecke," stand auf einem Schild.

Ihr Vater brachte **Limonade** und **Snacks** zum **Verkauf** heraus. „Die Leute werden immer durstig, wenn sie einkaufen," sagte er mit einem Lächeln.

Bald kamen **Nachbarn** und Leute aus der **Gemeinschaft**. Tom und Lily begrüßten sie mit einem Lächeln und erzählten ihnen von der **Wohltätigkeitsorganisation**, die sie unterstützen wollten. „Wir sammeln Geld, um **Kindern** zu **helfen**, die nicht genug zu essen haben," erklärte Tom.

„Das ist eine wunderbare **Sache**," sagte eine **Nachbarin**, als sie ein **Buch** kaufte. „Ich freue mich, das zu **unterstützen**."

Lily war aufgeregt zu sehen, dass die Leute ihre alten Sachen kauften. „Es ist schön zu wissen, dass diese **Spielzeuge** von jemand anderem geliebt werden," sagte sie, als ein kleiner Junge einen Spielzeug-Lkw aussuchte.

Im Laufe des Tages kamen immer mehr Menschen zum **Flohmarkt**. Einige Leute **spendeten** zusätzliches Geld für die **Sache**, während andere **Snacks** und **Limonade** kauften. Tom und Lily waren beschäftigt, aber glücklich, als sie den Leuten **halfen**, das zu finden, was sie brauchten.

Am Ende des Tages hatten sie fast alles **verkauft**. „Wir haben viel Geld verdient!" sagte Tom, als sie das Geld zählten, das sie eingenommen hatten.

"And we're going to **help** a lot of **kids**," Lily added, feeling proud.

Their mom and dad were proud of them too. "You both did an amazing job," their mom said. "It's important to give back and **help** others."

The next day, they took the money to the **organization** they had chosen. The staff there thanked them for their hard work and explained how the money would be used to provide meals for children in need.

"This feels really good," Tom said as they left the **charity** office. "I'm glad we could **help**."

"Me too," Lily agreed. "We should do this again sometime."

Their parents smiled. "There are always ways to **help** others," their dad said. "And you both have shown how much of a **difference** you can make."

That night, as Tom and Lily went to bed, they felt a sense of **pride** and **satisfaction**. They knew they had made a positive impact on their **community**, and they couldn't wait to find more ways to give back.

„Und wir werden vielen **Kindern helfen**," fügte Lily stolz hinzu.

Ihre Mutter und ihr Vater waren auch stolz auf sie. „Ihr habt beide eine tolle Arbeit geleistet," sagte ihre Mutter. „Es ist wichtig, etwas zurückzugeben und anderen zu **helfen**."

Am nächsten Tag brachten sie das Geld zur **Wohltätigkeitsorganisation**, die sie ausgewählt hatten. Die Mitarbeiter dort bedankten sich für ihre harte Arbeit und erklärten, wie das Geld verwendet würde, um Mahlzeiten für bedürftige **Kinder** bereitzustellen.

„Das fühlt sich wirklich gut an," sagte Tom, als sie das Büro der **Wohltätigkeitsorganisation** verließen. „Ich bin froh, dass wir **helfen** konnten."

„Ich auch," stimmte Lily zu. „Das sollten wir irgendwann wieder machen."

Ihre Eltern lächelten. „Es gibt immer Möglichkeiten, anderen zu **helfen**," sagte ihr Vater. „Und ihr beide habt gezeigt, wie viel **Unterschied** man machen kann."

An diesem Abend, als Tom und Lily ins Bett gingen, fühlten sie sich **stolz** und **zufrieden**. Sie wussten, dass sie einen positiven Einfluss auf ihre **Gemeinschaft** gehabt hatten, und sie konnten es kaum erwarten, weitere Wege zu finden, um Gutes zu tun.

Vokabelliste
Vocabulary List

Englisch	Deutsch
garage sale	Flohmarkt
charity	Wohltätigkeit
toys	Spielzeuge
clothes	Kleidung
books	Bücher
sell	verkaufen
donate	spenden
community	Gemeinschaft
proceeds	Einnahmen
help	helfen
kids	Kinder
organization	Organisation
support	unterstützen
snacks	Snacks
lemonade	Limonade
neighbor	Nachbar
cause	Sache
difference	Unterschied
satisfaction	Zufriedenheit
pride	Stolz

Solve the puzzle!
Löse das Puzzle!

Puzzle #19

```
K Q C H K F W E N S S L L E Q H
M H I S C P D Y K E F H X R R J
Q E X K E I E C I A I C G L F L
D S R A R R A U K Y B G Z N O B
I C A P P N Z S H T I A H H V R
F E B T S Y F D F F X R F B U Y
F R F C I S B L E O N N T M O G
E Y H Y A S Y E E N B W Q F G R
R U F K O U F U S M U H O L J X
E Q Y K T O S A F U O L F K A S
N O E Q S S I E C M P N L L U W
C I N X O D X Q L T O P A A F H
E X M K H C Q X X M I F O D P W
O Z U B T O W E E Y N O K R E B
J P F L L I Z E W V C A N G T Y
V I M F Y R R D K O H Y F J V I
```

CAUSE   DIFFERENCE
LEMONADE   NEIGHBOR
PRIDE   SATISFACTION
SNACKS   SUPPORT

Questions about the short story
Fragen zur Kurzgeschichte

What do Tom and Lily decide to do on a Saturday morning?
Was beschließen Tom und Lily an einem Samstagmorgen zu tun?

____

____

What do they sell at the garage sale?
Was verkaufen sie auf dem Flohmarkt?

____

____

Why do they have the garage sale?
Warum machen sie den Flohmarkt?

____

____

How do Tom and Lily feel after the garage sale?
Wie fühlen sich Tom und Lily nach dem Flohmarkt?

____

____

What do they plan to do in the future?
Was planen sie für die Zukunft?

____

____

Multiple Choice–Questions
Multiple–Choice–Fragen

What do Tom and Lily sell at the garage sale?
Was verkaufen Tom und Lily auf dem Flohmarkt?

A) New toys (*Neue Spielzeuge*)
B) Old toys, clothes, and books
   (*Alte Spielzeuge, Kleidung und Bücher*)
C) Furniture (*Möbel*)

Where do the proceeds from the garage sale go?
Wohin gehen die Einnahmen vom Flohmarkt?

A) To buy more toys (*Um mehr Spielzeuge zu kaufen*)
B) To charity (*An eine Wohltätigkeitsorganisation*)
C) To save for a vacation (*Um für einen Urlaub zu sparen*)

What do they sell along with the items at the garage sale?
Was verkaufen sie neben den Gegenständen auf dem Flohmarkt?

A) Lemonade and snacks (*Limonade und Snacks*)
B) Homemade crafts (*Selbstgemachte Handarbeiten*)
C) Plants (*Pflanzen*)

How do the neighbors react to the garage sale?
Wie reagieren die Nachbarn auf den Flohmarkt?

A) They ignore it (*Sie ignorieren ihn*)
B) They support it and buy things
   (*Sie unterstützen ihn und kaufen Dinge*)
C) They complain about it (*Sie beschweren sich darüber*)

Tom and Lily's Charity Garage Sale

What do Tom and Lily learn from the garage sale?
Was lernen Tom und Lily aus dem Flohmarkt?

A) How to make money (*Wie man Geld verdient*) ☐

B) How to give back to the community
   (*Wie man der Gemeinschaft etwas zurückgibt*) ☐

C) How to organize a big event
   (*Wie man ein großes Ereignis organisiert*) ☐

True/False-Questions
Wahr/Falsch-Fragen

Tom and Lily decide to have a garage sale to make money for themselves.
Tom und Lily beschließen, einen Flohmarkt zu machen, um Geld für sich selbst zu verdienen.

True (*Wahr*) ☐
False (*Falsch*) ☐

They sell old toys, clothes, and books.
Sie verkaufen alte Spielzeuge, Kleidung und Bücher.

True (*Wahr*) ☐
False (*Falsch*) ☐

The money from the garage sale goes to charity.
Das Geld vom Flohmarkt geht an eine Wohltätigkeitsorganisation.

True (*Wahr*) ☐
False (*Falsch*) ☐

The neighbors don't like the garage sale.
Die Nachbarn mögen den Flohmarkt nicht.

True (*Wahr*) ☐
False (*Falsch*) ☐

Tom and Lily plan to do more charity work in the future.
Tom und Lily planen, in Zukunft mehr Wohltätigkeitsarbeit zu leisten.

True (*Wahr*) ☐
False (*Falsch*) ☐

Did you know / Wusstest du schon?
Warum Englisch so viele Wörter hat

Englisch hat mehr Wörter als viele andere Sprachen – über eine Million! Das liegt daran, dass Englisch Wörter aus vielen verschiedenen Sprachen aufgenommen hat, wie Latein, Französisch und Deutsch. So ist es oft möglich, dass es mehrere Wörter gibt, um das Gleiche auszudrücken.

ZWISCHENSTOPP: ANTWORTEN UND EINBLICKE

Nachdem du zusammen mit Tom und Lily viele spannende Abenteuer erlebt und die interaktiven Aufgaben gemeistert hast, ist es nun Zeit für eine kleine Pause. Dieser Moment gibt dir die Gelegenheit, dein Wissen zu reflektieren und dein Verständnis der Geschichten und der neuen Vokabeln zu vertiefen.

Die Lösungen zu den Quizfragen sind wie ein Wegweiser, der dir zeigt, wie gut du die Geschichten verstanden hast. Sie helfen dir nicht nur, deine Antworten zu überprüfen, sondern geben dir auch ein tieferes Verständnis für die Abenteuer, die Tom und Lily erlebt haben.

Zusätzlich findest du hier auch einen QR-Code, der dich zu allen Audiodateien der Geschichten führt. So kannst du die Geschichten noch einmal anhören und dein Hörverständnis weiter verbessern.

Nutze diese Pause, um deine Antworten zu überprüfen, dein neu gewonnenes Wissen zu festigen und vielleicht auch neue Einsichten zu gewinnen. Bist du bereit, einen Blick auf die Lösungen zu werfen und dann mit neuer Energie in die nächsten Abenteuer mit Tom und Lily zu starten? Dann scanne den folgenden QR-Code, der dich zu den Lösungen führt. Diese sind als PDF-Datei verfügbar und können natürlich auch heruntergeladen und gespeichert werden.

Audiodateien

Lösungen

AM ZIEL ANGEKOMMEN: EIN RÜCKBLICK AUF DEINE SPRACHREISE

Herzlichen Glückwunsch! Du hast einen großen Meilenstein auf deiner Reise zur Verbesserung deiner Englischkenntnisse erreicht. Gemeinsam mit Tom und Lily hast du viele spannende und alltägliche Abenteuer erlebt, dein Verständnis für die englische Sprache vertieft und viele neue Wörter und Ausdrücke gelernt.

Doch denke daran: Jede Reise, egal wie erfolgreich sie auch sein mag, ist nie wirklich zu Ende. Sprachenlernen ist ein fortwährender Prozess, der Neugier, Geduld und den Willen, ständig Neues zu entdecken, erfordert. Die gute Nachricht ist, dass du bereits eine solide Grundlage geschaffen hast, auf der du weiter aufbauen kannst.

Bevor wir dieses Buch abschließen, möchten wir dir einen kleinen Ausblick geben: Das nächste Kapitel deiner Sprachreise steht bevor. „Weiterführende Tipps: Dein Englisch noch weiter verbessern" wird dir viele praktische Ratschläge und Ideen bieten, wie du deine Englischkenntnisse auch außerhalb dieses Buches weiterentwickeln kannst. Von Online-Ressourcen über spielerische Aktivitäten bis hin zu kreativen Schreibübungen – es gibt unzählige Möglichkeiten, dein Englisch auf unterhaltsame und effektive Weise zu vertiefen.

Betrachte dieses Buch nicht als das Ende deiner Reise, sondern als Sprungbrett zu neuen Abenteuern mit der englischen Sprache. Bleibe neugierig, sei mutig und nutze jede Gelegenheit, um deine Fähigkeiten weiter auszubauen und zu festigen. Dein Weg ist einzigartig, und jede neue Geschichte, jedes neue Abenteuer wird dich bereichern.

WEITERFÜHRENDE TIPPS: DEIN ENGLISCH NOCH WEITER VERBESSERN

Dieses Kapitel soll dir helfen, deine Englischkenntnisse auch nach dem Lesen der Geschichten von Tom und Lily weiter zu verbessern und auszubauen. Hier sind einige Tipps und Ideen, wie du deine Sprachreise fortsetzen kannst:

Tägliches Englischpraktikum: Versuche, täglich etwas auf Englisch zu lesen, zu schreiben oder anzuhören. Selbst kleine Schritte, wie das Lesen eines kurzen Artikels oder das Anschauen eines Videos auf Englisch, können dir helfen, stetig besser zu werden.

Englische Spiele spielen: Es gibt viele Spiele, die dir helfen können, dein Englisch zu verbessern. Ob Kreuzworträtsel, Wortspiele oder Sprachlern-Apps – spielerisches Lernen macht Spaß und ist sehr effektiv.

Englischsprachige Medien nutzen: Schau dir Filme, Serien oder Cartoons auf Englisch an. Das macht nicht nur Spaß, sondern hilft dir auch, die Sprache im Alltag besser zu verstehen.

Ein englisches Tagebuch führen: Schreibe jeden Tag ein paar Sätze auf Englisch über deine Erlebnisse. Das hilft dir, deinen Wortschatz zu erweitern und deine Schreibfähigkeiten zu verbessern.

Mit Freunden üben: Wenn du jemanden kennst, der auch Englisch lernt, könnt ihr gemeinsam üben. Sprecht miteinander auf Englisch, spielt englische Spiele oder schaut euch zusammmen Filme an.

Englische Bücher lesen: Lies Bücher auf Englisch, die für dein Sprachniveau geeignet sind. So kannst du auf spielerische Weise deinen Wortschatz erweitern und besser verstehen, wie die Sprache funktioniert.

Online-Ressourcen und Apps nutzen: Es gibt viele tolle Apps und Webseiten, die dir helfen können, dein Englisch zu verbessern. Sie bieten Übungen, Vokabeltrainer und Spiele, die perfekt für dein Lernniveau sind.

Dieses Kapitel soll dich inspirieren und motivieren, deine Sprachkenntnisse durch verschiedene Methoden weiterzuentwickeln. Denke daran, dass jede Anstrengung zählt und dass die Reise zur sprachlichen Meisterung ein fortlaufender und lohnender Prozess ist.

IMPRESSUM

1. Auflage
Copyright 2024 – Jordan Roesch
Alle Rechte vorbehalten.
Das Werk darf - auch teilweise - nur mit Genehmigung des Verlags vervielfältigt werden.

ISBN: 978-3-98935-631-3

Lucid Page Media (ein Imprint der Orbita Media GmbH)
Ericusspitze 4
20457 Hamburg
Deutschland
kontakt@lucidpagemedia.de